COORDENADOR YUSSEF DAIBERT SALOMÃO DE CAMPOS

ANTIGA VILA BOA DE GOIÁS

CB032022

SOBRE SP
PATRIMÔNIOS

CRISTINA HELOU GOMIDE

ANTIGA VILA BOA DE GOIÁS

EXPERIÊNCIAS E MEMÓRIAS NA/DA CIDADE PATRIMÔNIO

Copyright © 2023 by Editora Letramento
Copyright © 2023 by Cristina Helou Gomide

Diretor Editorial Gustavo Abreu
Diretor Administrativo Júnior Gaudereto
Diretor Financeiro Cláudio Macedo
Logística Daniel Abreu e Vinícius Santiago
Comunicação e Marketing Carol Pires
Assistente Editorial Matteos Moreno e Maria Eduarda Paixão
Designer Editorial Gustavo Zeferino e Luís Otávio Ferreira
Coleção Sobre Patrimônios Coordenador Yussef Daibert Salomão De Campos

Conselho Editorial Jurídico

Alessandra Mara de Freitas Silva	Edson Nakata Jr	Luiz F. do Vale de Almeida Guilherme
Alexandre Morais da Rosa	Georges Abboud	Marcelo Hugo da Rocha
Bruno Miragem	Henderson Fürst	Nuno Miguel B. de Sá Viana Rebelo
Carlos María Cárcova	Henrique Garbellini Carnio	Onofre Alves Batista Júnior
Cássio Augusto de Barros Brant	Henrique Júdice Magalhães	Renata de Lima Rodrigues
Cristian Kiefer da Silva	Leonardo Isaac Yarochewsky	Salah H. Khaled Jr
Cristiane Dupret	Lucas Moraes Martins	Willis Santiago Guerra Filho

Todos os direitos reservados. Não é permitida a reprodução desta obra sem aprovação do Grupo Editorial Letramento.

Dados Internacionais de Catalogação na Publicação (CIP)
Bibliotecária Juliana da Silva Mauro - CRB6/3684

G633a   Gomide, Cristina Helou
          Antiga Vila Boa de Goiás : experiências e memórias na/da cidade patrimônio / Cristina Helou Gomide ; coordenado por Yussef Daibert Salomão de Campos. - Belo Horizonte : Letramento, 2023.
          168 p. il. ; 15,5 x 22,5 cm. - (Coleção Sobre Patrimônios)

          Inclui Bibliografia.
          ISBN 978-65-5932-308-1

          1. Patrimônio cultural imaterial. 2. IPHAN. 3. História. 4. Vila Boa de Goiás. I. Campos, Yussef Daibert Salomão de. II. Título. III. Série.

CDU: 908(817.3)
CDD: 981.73

Índices para catálogo sistemático:
1. Estudos de área - Goiânia 908(817.3)
2. História de Goiás 981.73

LETRAMENTO EDITORA E LIVRARIA
Caixa Postal 3242 – CEP 30.130-972
r. José Maria Rosemburg, n. 75, b. Ouro Preto
CEP 31.340-080 – Belo Horizonte / MG
Telefone 31 3327-5771

Dedico este trabalho à minha mãe Lucy e ao meu pai Deoclides, minhas referências culturais mais significativas, alicerces da minha vida.

Dedico esta investigação a todos aqueles que se dispuseram a dialogar comigo na Cidade de Goiás, moradores locais sem os quais esta pesquisa não se realizaria.

Dedico à História e celebro a ela, motivo da minha transformação interna!

AGRADECIMENTOS

À minha orientadora, Yara Khoury, pela paciência e pelo apoio nos momentos mais difíceis. Agradeço-a também por contribuir no processo de transformação da minha visão de história.

À CAPES, que me proporcionou bolsa durante este período.

Aos professores com os quais convivi no Programa de Pós-Graduação em História Social da PUC de São Paulo: Rosário, Déa Fenelon, Denise Bernuzzi, Maria Antonieta e Maria Odila, com os quais aprendi demais!

Aos meus amigos do doutorado, pessoas que dialogaram comigo, riram e sofreram comigo e me ajudaram a tornar mais ameno esse fatigante período de produção da tese.

À Luíza, pelo convívio amigo e por momentos importantes de discussão.

Ao Ricardo Antônio, que conseguiu me renovar as energias em vários momentos de desencantamento. Agradeço a todos os outros amigos que mesmo sem saber muito bem o que é redigir uma tese, sempre me ampararam quando me senti cansada.

Aos meus familiares, cujo carinho me renovou nos momentos de maior *stress*.

Aos meus irmãos, Alexandre e Rogério, pelo carinho incondicional durante estes quatro anos.

Ao José Filho, guia do Museu Palácio Conde dos Arcos, por me apresentar pessoas na Cidade de Goiás que se tornaram importantes narradores deste trabalho. Agradeço por ter sido ele próprio, um dos moradores com quem dialoguei.

A todos os funcionários da FACIG, sobretudo à Berenice e ao professor Milton, por compreenderem este processo de feitura da tese e todos os trâmites que envolvem sua finalização.

Aos meus alunos da FACIG, pelo estímulo intelectual que geraram em mim, durante as aulas. Aos alunos da UNIVÁS, que me fizeram lembrar o que é ensinar História e o modo como me sinto apaixonada pelas coisas que discuto.

No "furor" da entrega deste trabalho, agradeço enfim, a todos aqueles que esqueci de agradecer...

SUMÁRIO DAS IMAGENS

Fig. 1: Recorte do *Folder* do V FICA, referindo-se à Casa de Goiandira do Couto.

Fig. 2: *Folder* "Bem Vindo à Cidade de Goiás" - recorte de Santa Bárbara

Fig. 3: *Folder* "Bem Vindo à Cidade de Goiás" - mapa turístico

Fig. 4: *Folder* do V FICA - mapa turístico

Fig. 5: Recorte do *Folder* do V FICA - referindo-se à Cruz do Anhanguera

Fig. 6: *Folder* "Cidade de Goiás - Patrimônio Cultural" - recorte retratando a Cruz do Anhanguera

Fig. 7: *Folder* "Cidade de Goiás - Patrimônio Mundial" - Rio Vermelho

Fig. 8: *Folder* da OVAT - Semana em Goiás

Fig. 9: *Folder* "Cidade de Goiás - Patrimônio Cultural" - Procissão do Fogaréu

Fig. 10: *Folder* "Goiás - Patrimônio Mundial" - capa da exposição realizada em Maceió

Fig. 11: *Folder* "Goiás - Patrimônio Mundial" - poema de Cora Coralina e a Casa Velha da Ponte como Pano de Fundo

Fig. 12: *Folder* "Transferência da Capital"

Fig. 13: Foto da doceira Dona Dita, em fevereiro de 2007, na Cidade de Goiás

Fig. 14: Foto de Brasilete de Ramos Caiado, em junho de 2005, na Cidade de Goiás

Fig. 15: Cartão-Postal da enchente na Cidade de Goiás em 2001 (frente)

Fig. 16: Cartão-Postal da enchente na Cidade de Goiás em 2001 (verso)

Fig. 17: Cartão-Postal da enchente na Cidade de Goiás, 2001.

SUMÁRIO

13   APRESENTAÇÃO DA COLEÇÃO

15   INTRODUÇÃO

29   **CAPÍTULO 1.**
       A CIDADE VISTA PELOS *FOLDERS*:
       A CARTOGRAFIA DE ESPAÇOS TURÍSTICOS

32   1.1. O MAPA TURÍSTICO DOS *FOLDERS* NO *FESTIVAL INTERNACIONAL DE CINEMA AMBIENTAL*: O FICA

47   1.2. A SEMANA SANTA NOS *FOLDERS*: UMA (RE) SIGNIFICAÇÃO DO PASSADO

52   1.3. A CIDADE DE GOIÁS E OS GRUPOS POLÍTICOS LOCAIS: O PATRIMÔNIO DE INTERESSE

57   1.4. CORA CORALINA COMO UM PATRIMÔNIO DA CIDADE

65   **CAPÍTULO 2.**
       A CIDADE HISTÓRICO PATRIMONIAL VIVIDA E SIGNIFICADA POR SEUS MORADORES:

67   2.1. AS TRAJETÓRIAS EM PROCESSO: AS RE-SIGNIFICAÇÕES DAS TRADIÇÕES.

80   2.2. A CONSTRUÇÃO DAS REFERÊNCIAS CULTURAIS E AS IMAGENS SOBRE A CIDADE HISTÓRICA – ALGUMAS CONSIDERAÇÕES SOBRE TRAJETOS COTIDIANOS E SIGNIFICAÇÕES NO ESPAÇO URBANO.

101   2.3. AS NARRATIVAS PRÉ-FICA – MEMÓRIAS E SIGNIFICADOS PARA A CIDADE HISTÓRICA ANTES DA OBTENÇÃO DO TÍTULO DE PATRIMÔNIO HISTÓRICO E ARTÍSTICO DA HUMANIDADE.

107   **CAPÍTULO 3.**
        O RIO VERMELHO COMO REFERÊNCIA CULTURAL: MUITAS HISTÓRIAS E MEMÓRIAS... SOBREVIVÊNCIA, GÊNESE, TRABALHO... "AMOR E DOR"!

- 112 **3.1. O RIO VERMELHO PARA OS MORADORES DA CIDADE DE GOIÁS**
- 120 **3.2. O RIO VERMELHO PARA CORA CORALINA: UMA VISÃO POÉTICA**
- 128 **3.3. O RIO PARA OS ÓRGÃOS DE COMUNICAÇÃO: UMA VISÃO PRAGMÁTICA**
- 141 **3.4. O RIO COMO CARTÃO-POSTAL: A DESTRUIÇÃO COMO ATRAÇÃO**

- 147 **ÚLTIMAS CONSIDERAÇÕES:**
- 153 **FONTES:**
- 153 **FONTES IMPRESSAS E DATILOGRAFADAS**
- 154 **ARTIGOS DE JORNAIS:**
- 158 **VÍDEOS:**
- 158 **NARRATIVAS ORAIS:**
- 158 **NARRATIVAS DE 2003 A 2005.**
- 159 **NARRATIVAS DE VISITANTES TURISTAS:**
- 159 **BOLETINS E PUBLICAÇÕES DIVERSAS:**
- 160 **SITES INTERNET:**
- 160 **FOLDER E CARTÃO-POSTAL:**
- 160 **BIBLIOGRAFIA**
- 160 **OBRAS COMPLETAS E CAPÍTULOS DE LIVROS:**
- 165 **ARTIGOS DE REVISTAS E PERIÓDICOS**
- 167 **DISSERTAÇÕES, TESES, PESQUISAS E SEMINÁRIOS:**

APRESENTAÇÃO DA COLEÇÃO

O LUPA, grupo de onde nasceu a proposta dessa coleção "Sobre Patrimônios", propicia estudos sobre os conceitos de lugar e de território, através de algumas leituras das Ciências Sociais, Filosofia, Arqueologia e Geografia, e, especialmente, da História, sem, contudo, esgotá-las, para demonstrar o quão impossível é desvinculá-los do Patrimônio, seja conceitualmente, seja na vivência dos grupos ou na sua gestão. Indica como as políticas públicas incluem, ou não, os territórios e lugares como requisitos indispensáveis para a emancipação dos grupos envolvidos com os bens patrimonializados. Para isso, divide-se em duas as linhas de pesquisa.

A primeira, "Lugar e território na concepção dos patrimônios", analisa como esses conceitos – lugar e território – são indissociáveis, mas como negociações políticas os utilizam em processos de patrimonialização e de criação legislativa para o patrimônio. Essa linha abriga pesquisas nas quais lugar e território são meios de abrandamento, flexibilização, negação e/ou confirmação de direitos ao territórios, vinculados ao patrimônio cultural e sua transação via políticas públicas.

Já a linha "Patrimônio, Memória e Identidade Social" estuda as relações entre os processos de patrimonialização, ou a rejeição aos mesmos, a memórias e identidades, e mostra como o patrimônio é perpassado por disputas e conflitos. Perscrutá-los pode identificar as tensões que engendram essa expressão política da memória. Os estudos e pesquisas a essa linha relacionados são meios para compreensão de como o patrimônio pode recalcar memórias, resgatar traumas ou conciliar divergências.

Assim, esse livro que o leitor traz em suas mãos, evidenciará, no mínimo, uma dessas linhas. O projeto "Sobre Patrimônios", desenvolvido em parceria com a Letramento, editora que vem se consolidando na área do Patrimônio Cultural, propiciará ao público acesso às pesquisas desenvolvidas pelos membros desse grupo e parceiros, brasileiros e estrangeiros, sejam teses ou dissertações, ou outros resultados passíveis de publicação em formato de livro.

Convidamos a você que conheça nossa coleção "Sobre Patrimônios".

YUSSEF CAMPOS
LUPA – Universidade Federal de Goiás

INTRODUÇÃO

Cursando graduação em História na Universidade Federal de Goiás, participei de um projeto que visava a elaborar um vídeo-escola sobre a literatura produzida sobre a história de Goiás. A partir desse trabalho, investigando sobre o período da República em Goiás, senti-me seduzida pela linguagem dos textos impressos do início do século XX. Neles, olhares médicos se mesclavam à discussão política, referindo-se à infra-estrutura das cidades e ao modo de vida do povo goiano. Concluí que, à época, organizar o espaço urbano passava por um entendimento de higienização desse espaço, pensando a cidade como um organismo vivo, à semelhança do corpo humano.

A nomeação do médico e político Pedro Ludovico Teixeira pelo então presidente Getúlio Vargas para Interventor de Goiás, a partir de 1930 expressa essas articulações entre política, propostas e práticas da área da saúde na época. Dentro desta perspectiva, desenvolvi uma monografia com o título: "Higienização no Governo Pedro Ludovico Teixeira".

Em 1997, cursando o Mestrado em História das Sociedades Agrárias na mesma universidade, desenvolvi um projeto visando a ampliar a discussão sobre higiene em Goiás, vinculando as investigações ao espaço específico da Cidade de Goiás. Focada no período do governo Pedro Ludovico Teixeira, parti para uma série de reflexões sobre o tema na antiga capital do Estado.

Investigando o período que se estendia de 1930 a 1945, no qual o interventor Pedro Ludovico governou Goiás, passei a dialogar com pessoas que permaneceram na cidade após a transferência da capital. Procurei moradores que ficaram na cidade e não os que se mudaram para Goiânia. Deste modo, fazia uma investigação, à época inédita, sobre o tema "transferência da capital" em Goiás. Foi no contato com moradores residentes no centro histórico e nas proximidades deste e dialogando com eles, que comecei a construir minha problemática.[1]

---

[1] Foram homens e mulheres, nascidos na cidade de Goiás, que vivenciaram a transferência da capital e que haviam vivido na cidade até a data da entrevista. Eram homens e mulheres entre sessenta e cem anos. Alguns atualmente já falecidos. Nas

Nesses diálogos encontrei indícios de que esses moradores nutriam a "memória do descontentamento" em relação à transferência da capital. Em suas narrativas, Pedro Ludovico apareceu algumas vezes como "traidor" da cidade, em outras como o político "fugitivo", que havia se deslocado para outro espaço de poder para fugir da família Caiado – detentora do poder político local até a revolução de 1930 em Goiás.

Na década de 1930, surge o SPHAN, mais específicamente em 1937, como resultado do ante-projeto redigido por Mário de Andrade na década de 1920. Nesse período a preocupação em instalar novos e mais modernos espaços urbanos compunha o cenário político-administrativo de todo o Brasil. Cidades planejadas foram idealizadas e construídas. Em contrapartida, a criação do SPHAN representou a preocupação em valorizar elementos do passado, naquela época vistos pelos modernistas urbanos como sinônimo de "atraso".

Quando dialoguei com moradores de Goiás, de 1997 a 1999, várias narrativas trouxeram a "cidade histórica" como tema. Muitos consideravam, apesar da permanência do sentimento de "descontentamento", que a Cidade de Goiás estava caminhando rumo ao reconhecimento de sua história, de seu patrimônio. Compreendi que as narrativas apresentavam a reação à transferência da capital através da construção da imagem de cidade histórica que foi se forjando desde a década de 1930.

Na época que entrei em contato com esses moradores, a Cidade de Goiás havia se tornado foco de ações e de políticas culturais de iniciativa do Governo de Goiás. A Agência goiana de Cultura Pedro Ludovico Teixeira, sob administração de um historiador (Nasr Chaul, professor titular do departamento de história da Universidade Federal de Goiás), criou projetos que estimularam o turismo e acentuaram a valorização do patrimônio cultural na cidade. Deste modo, o que buscava investigar era o modo como a imagem da cidade histórica foi sendo construída. Para tanto, analisei artigos de jornais, códigos municipais de postura e narrativas orais. Desloquei minha problemática das discussões específicas sobre higiene para a da preservação do patrimô-

---

citações sobre narrativas obtidas durante este momento da pesquisa, algumas referências não constam do nome completo dos depoentes, pois, alguns deram a permissão para utilizar suas falas, mas solicitaram que não divulgassem seus nomes. Como não faria diferença para o que desejava quando em diálogo com eles, mantive a promessa. Atualmente, entretanto, cito todos os nomes dos entrevistados e não utilizo narrativas dos que desejaram ocultar seus nomes – o que se deve a uma postura metodológica.

nio histórico da cidade. Meu período de investigação, antes delimitado até 1945, se deslocou para 1978.[2]

A reformulação dessas reflexões foi bastante difícil. Sabia que o processo de construção da imagem de cidade histórica se dera através da participação de vários sujeitos, nos seus diversos grupos sociais. Entretanto, foi difícil lidar com as múltiplas memórias que compunham o processo. Enxerguei "patrimônio" como tema e o investiguei como categoria de trabalho; em função disso, tive dificuldades em travar as novas discussões.

Pude avançar bastante nas reflexões à medida que associava o discurso político vigente às políticas patrimoniais de tombamento. Dialoguei com as narrativas orais e as entrelacei a outros documentos escritos, como as representações presentes em periódicos da cidade e em códigos de postura municipais. Neste processo, construí o trabalho que resultou na dissertação de mestrado defendida em 1999, com o título: "Do Centralismo Político à Tradição Histórica - Cidade de Goiás (1930-1978)."

Terminei o trabalho de mestrado, mas muitas inquietações ainda faziam parte das minhas reflexões sobre a construção da imagem de cidade histórica. Em 1999, quando realizei as últimas conversas com os moradores da cidade, percebi que suas narrativas estavam mais amenas, mais condescendentes quando se referiam à memória da transferência da capital. Dei-me conta de que a construção da imagem de cidade histórica ainda estava em processo. Logo, senti necessidade de dar continuidade às reflexões sobre a questão em Goiás.

Em 1999, por iniciativa da Agência goiana de Cultura do estado de Goiás e de outros parceiros públicos e privados, ocorreu na cidade o primeiro Festival Internacional de Cinema Ambiental (FICA). O evento estimulou o turismo, revitalizou a economia nas áreas alimentícia, de artesanato e hoteleira, propiciando trabalho a setores da população, além de acentuar a valorização do patrimônio cultural local. A mídia televisiva e escrita propagou amplamente o nome da cidade. No mesmo ano, dias após o evento, dialoguei com esses moradores. Entusiasmados com

---

[2] Em 1950, a cidade de Goiás recebeu a primeira ação da Secretaria do Patrimônio Histórico e Artístico Nacional. Na época, priorizaram-se prédios administrativos e igrejas. Em 1978, o SPHAN já havia se tornado IPHAN – Instituto do Patrimônio Histórico e Artístico Nacional – e promoveu uma outra leva de tombamentos, naquele momento, reconhecendo como bens a serem preservados, verdadeiras malhas urbanas e construções inseridas nesse conjunto.

o FICA e sua repercussão, as narrativas foram mais brandas e a "cidade histórica" foi apresentada a mim com mais orgulho.

Influenciada por essas "novas" informações, movida pela dinâmica das narrativas, decidi estudar um museu, local de visitação turística, para entender o modo como a imagem histórica se constrói e se realimenta. Formulei um projeto que visava a estudar o Museu Conde dos Arcos como um museu dentro da cidade histórica – sua relação com a construção dessa imagem, bem como os significados atribuídos a ele por moradores e turistas. Comecei a elaborar um projeto que visava refletir sobre o museu como um dos atrativos das políticas de incentivo ao turismo, como um lugar de produção e difusão de conhecimento. Para mim, o Museu Conde dos Arcos parecia realimentar uma história de classes políticas dominantes.

Em 2003, já vinculada ao Programa de Estudos Pós-Graduados em História Social da PUC/SP e cursando as disciplinas do doutorado, realizando leituras e discussões sobre história, memória e suas múltiplas relações, passei a refletir a cidade, ampliando meu foco de investigação. Meu olhar foi se tornando mais aguçado para investigar as diferenças alternativas na realidade social, para interpretar tendências que questionavam a ordem.[3]

Concomitantemente, fazia entrevistas com alguns moradores e muitos turistas que visitavam o museu. Nessas conversas o trabalho começou a ganhar uma dimensão que ia além dos muros do Palácio Conde dos Arcos. Além de perceber uma diversidade de significados atribuídos ao museu, para alguns moradores ele não chegava nem mesmo a se constituir uma referência.

Neste processo de reconstrução da problemática da pesquisa, imagens de *folders* turísticos, fotografias de pessoas com as quais dialoguei e a observação de cartões-postais referentes à enchente de 2001 na cidade, me conduziram também à reflexão sobre o modo como as imagens são constituintes da construção de uma memória local. (MANGUEL, Albert, 2005)[4]

---

[3] Nestas reflexões, apoiei-me em alguns autores, como Raymond Williams, Antônio Augusto Arantes, Beatriz Sarlo e E.P. Thompson.

[4] Inspirada nas discussões de Albert Manguel sobre imagens me senti instigada a investigar as imagens criadas para e em torno da cidade, pessoas que lá residem, e eventos que nela acontecem. Conforme o autor: "As imagens, assim como histórias, nos informam (…) As imagens que formam nosso mundo são símbolos, sinais, mensagens e alegorias. Ou talvez sejam apenas presenças vazias que contemplamos com

Em discussões efetuadas em sala de aula e com um outro olhar mais crítico para obras de autores diversos, revendo antigas leituras, fui construindo meus próprios parâmetros teórico-metodológicos. Em leituras como de Antônio Augusto Arantes, as reflexões sobre "sentimento de pertencimento" e "diversidade" social na construção da cidadania me foram fundamentais. Senti-me inspirada a repensar meu objeto de estudo, entendendo que a cidade se constitui num "conjunto" de práticas sociais e de significados atribuídos por diferentes sujeitos no qual o direito à cidade estava em inserir referências culturais não reconhecidas oficialmente, mas que em diálogo com as "oficiais", são construídas em torno das experiências vividas pelos vários sujeitos na cidade (ARANTES, 2000). Em função destas reflexões trago circuitos percorridos por moradores locais na cidade histórica e apresento o modo como moradores constroem expectativas e criam outros mecanismos de sobrevivência no espaço em que vivem.

A problemática do trabalho migrou das reflexões conceituais para inquietações que se referiam ao modo como se constroem as múltiplas memórias sobre a cidade. Passei a investigar as experiências vividas, nas suas diferenças, por diversos grupos sociais na cidade, e o modo como essas são constituintes de histórias sobre a cidade, construindo imagens da cidade histórica. Como os moradores da periferia menos abastada lidam com o espaço em que residem e como vivem na cidade histórica? Que memórias constroem sobre ela? Que memórias têm sido construídas ao longo do processo de construção da imagem de cidade histórica e por quais grupos sociais é construída? Como o olhar do turista é instigado a enxergar a cidade história? Deste modo, trata-se de investigar o modo como se forjam as várias memórias/histórias sobre e na cidade de Goiás.

Compreender esse processo não foi uma tarefa fácil. Foi necessário refletir sobre minha própria noção de cultura e patrimônio para, então, refazer meu caminho reflexivo. Para isso, minha maior influência esteve em Raymond Willliams. Na obra "Marxismo e Literatura, o autor explica que cultura, analisada como conceito, está fechada em si mesma. Passei a compreender "cultura" como um problema, entendendo-a não mais no singular, mas no plural. Nesse processo, investigar

---

o nosso desejo, experiências, questionamento e remorso." Ora, fotografias expressam momentos, sensações, assim configuram momentos de desenvolvimento tecnológico. Pinturas, como expressões da arte, são formas de representar sentimentos sobre o mundo que vemos e vivemos. Nos *folders* as imagens são representativas de tendências turísticas focando locais, nomes e obras de pessoas da cidade.

sobre patrimônio era vê-lo também como problemática, entendendo-o numa relação "presente, passado, presente", retirando-o somente do reconhecimento em torno dos resíduos de uma vida colonial. Estudar a cidade histórica era investigá-la em seu processo de constituição que compreende tanto a dimensão física mais visível como as construções imaginadas e simbólicas; era compreendê-la em sua multiplicidade. Deste modo, estaria trabalhando a cultura como um processo dinâmico e carregado de diferenças, lendo a cidade como um espaço de muitas histórias. (WILLIAMS, 1977)

Com o apoio de Arantes e Williams, minha noção de patrimônio como "conjunto" se ampliou. O conjunto passou a ser visto como relação das múltiplas memórias e não como resultado homogêneo da junção das diferenças.

Tive outras influências na reconstrução de minhas reflexões. E.P. Thompson, na obra "Costumes em Comum", discute noções de "cultura", abordando-a também no plural. Na introdução da obra, o autor apresenta problemas sobre reflexões do campo da "cultura popular", explicando o modo como "as generalizações" tendem a esvaziar a noção de cultura de sua historicidade. Não há como defini-la, criar padrões ou explicá-la, pois, nem mesmo ela se auto define ou muito menos é "independente de influências externas", o que significa que o "conjunto", além de dinâmico é também diverso. (THOMPSON, 1988).

Em 1950, ocorreu o primeiro reconhecimento do patrimônio da cidade de Goiás. Este reconhecimento baseava-se nos resíduos de uma vida colonial. Foram tombadas igrejas, prédios públicos e militares. Em 1978, quando uma segunda etapa de tombamento foi realizada na cidade, já foram reconhecidas malhas urbanas como parte da orientação do Instituto do Patrimônio Histórico e Artístico Nacional. Já neste segundo momento, políticas turísticas reforçavam o patrimônio como algo dado. Algumas festas, residências e edifícios públicos foram mais valorizados nesses processo que, às vezes, desapropria o patrimônio, distanciando-o dos moradores. Deste modo, entendo que reconhecer o patrimônio é também ir além dos resíduos de uma vida colonial – o que caracterizou o primeiro movimento de ação patrimonial local e nacional. É compreender que moradores da cidade e turistas constroem a vida urbana hoje marcada pela idéia e pelas políticas de patrimônio, convivendo e disputando festas religiosas, eventos culturais, edifícios públicos e demais locais. A utilização de festas ou de monumentos como parte da política turística traz sentidos diferentes dos atribuídos pelos moradores. Nesta dinâmica, alguns destes moradores se vêem mais ligados aos bens tombados e outros menos. Estas são ambigüidades vividas na cidade histórica, são misturas que compõem as múltiplas histórias e que nos ajudam a perceber como os moradores vivem esta cidade patrimônio, a interpretam e nela se situam.

Analisando este processo de construção de um movimento preservacionista patrimonial de cunho turístico, procurei avaliar o modo como a memória sobre a cidade foi se constituindo: suas prioridades e histórias contadas entre moradores e espaços voltados para o turismo, como museus. Foi aí que comecei a me indagar sobre que tipo de memória havia se constituído como referência para esta cidade histórica. Investigando a história da transferência da capital da Cidade de Goiás para Goiânia encontrei elementos que me ajudaram a entender porque e como foi se instituindo uma memória sobre a cidade. Pensando nesta cidade para além dos conceitos dados, como "política", "patrimônio" ou "preservação", busquei compreender o processo no qual ela estava inserida. Avaliei as primeiras reações em prol da preservação da cidade e percebi que se tratava de uma memória construída hegemonicamente. Tratei então de problematizar minhas idéias iniciais.

A Memória Hegemonia neste caso é construída a partir da história de grupos políticos que dominaram a administração do estado de Goiás até 1930, guardando resquícios de um período de poder. Apoiando-se na história da gênese da cidade, tanto como local de produção aurífera, de sede administrativa, como de referência religiosa colonial, essa memória foi se constituindo de forma a transpor uma imagem de importância para a cidade de Goiás, que depois de 1935 – com a transferência provisória para Goiânia – iniciou uma trajetória de "vazio", como apontam os próprios moradores locais que vivenciaram os acontecimentos da época.

Inspirada nas reflexões já efetuadas por Raymond Williams sobre hegemonia, me indaguei sobre o modo como essa memória foi se construindo e se solidificando de forma a fazer parte ainda hoje dos discursos patrimoniais e turísticos locais. Para Williams, "A realidade de qualquer hegemonia, no sentido político e cultural ampliado, é de que, embora por definição seja sempre dominante, jamais será total ou exclusiva. A qualquer momento, formas políticas e culturais alternativas, ou diretamente opostas, existem como elementos significativos da sociedade." (WILLIAMS, Raymond, p.111) Ora, esta definição do autor nos remete a uma noção de hegemonia que é ao mesmo tempo dominante do aspecto político, mas também abre espaço para que a pensemos como uma alternativa para a retomada do espaço, de forma reconquistar a imagem da cidade como local de importância. Deste modo, a memória hegemônica é tão dominante quanto é alternativa, tendo sido construída à medida que se fez necessária, trazendo elementos da tradição que lhe fossem úteis para reforçar a necessidade de preservação do espaço da cidade, tanto como local de disputas como local de "origem da cultura goiana". A construção de uma memória hegemônica é reação em prol da preservação: não uma preservação patrimonial do âmbito institucional via IPHAN, mas, a princípio, para a reconstrução da imagem da cidade, de degradada e abandonada a histórica!

Neste processo de construção da memória hegemônica, elementos da memória social são incorporados e conjuntamente à história política pré 1930, acopla-se à história da transferência da capital. Essa memória, ainda que construída a partir da reação e da disputa por espaços na cidade na década de 1930, é dinâmica, e está em constante transformação. Assim, até fins da década de 90 do século XX a história da transferência da capital, contada nas ruas da cidade entre moradores locais ou para os turistas locais, nas entrelinhas, nas visitas a museus como o Antigo Palácio Conde dos Arcos, ainda era fortemente carregada de mágoa e da sensação de abandono. Com a criação de eventos como o FICA e com a conquista do título de Patrimônio Histórico e Cultural da Humanidade, este discurso é amenizado e essa memória hegemônica passa a incorporar uma tendência, reconhecendo que a mudança da capital foi um ato necessário e que o aspecto pacato da cidade é na verdade, algo fundamental para a cidade histórica. Enfim, essa memória hegemônica vai dinamicamente se construindo, incorporando valores e mantendo histórias hoje presentes no movimento cotidiano da cidade, nos museus, e nas práticas turísticas de modo geral.

Em função destas questões, repensei minhas reflexões sobre o espaço e o papel do museu na cidade. Passei a pensar o museu como elemento constitutivo da cidade. Uma cidade vivida por seus moradores, certamente marcada por políticas de patrimônio, cujas expressões materializadas no espaço urbano se constituem "em" e realimentam memórias hegemônicas na cidade.

Refletir sobre a Cidade de Goiás levou-me a avaliar como esse processo se constrói, criando imagens e significações. A problemática do patrimônio é, para mim, mais do que uma temática de estudo; é uma problemática social, vivido e construído ao longo do tempo, enquadrando certas cidades em padrões semelhantes de exposição. Dentro desses padrões, lugares, sujeitos, valores e imagens são colocados em destaque, realimentando forças hegemônicas na própria cidade, numa articulação entre valores culturais, interesses políticos, tendências de mercado e formas midiáticas de comunicação social.

Nesse âmbito, pergunto-me: como os destinos sociais dessas cidades e os viveres urbanos vêm sendo forjados? E ainda, como questões de patrimônio influem nessas construções? Faço essas reflexões centrada na Cidade de Goiás, conhecida também por "Goiás Velho", cuja denominação não é muito bem aceita pelos moradores da cidade.

Refletindo a partir de um lugar no qual faço alguns questionamentos sobre a memória social instituída, reconhecida e realimentada como a "memória" da cidade, coloco-me numa posição solidária com grupos e sujeitos que vivem e constituem Goiás, mas cujas experiências não se incluem ou são muito pouco visíveis nessa cidade patrimonial. Procurei produzir e articular outras memórias e histórias para além daquelas que se validam e se tornam publicamente mais visíveis. Refleti sobre o processo social de constituição de representações públicas da cidade de Goiás como patrimônio histórico. Espero abrir espaço para outras memórias que se forjam nas experiências cotidianas da cidade, voltando olhares para múltiplas memórias e referências culturais que se constituem nesse espaço urbano e, ao mesmo tempo, o constituem. (FENELON, MACIEL, ALMEIDA, KHOURY, 2003)

Nessa perspectiva lido com "memória" e com "patrimônio" entendendo-os como processos em constante formação e como campos de disputas, procurando contribuir sobre questões de cidadania em pauta hoje, que também passam pelo direito à memória e à cidade.

Procurei observar, nas narrativas de moradores, seus circuitos no espaço urbano e que cidade vêem, como a vêem e se relacionam com ela, criando referências culturais, apropriando-se ou rejeitando as referências já existentes. Pensando a memória como um lugar de disputas e de construção de hegemonias, reflito como um "senso comum", encontrado nas narrativas sobre a Cidade de Goiás, evidencia modos como os sujeitos se apropriam e realimentam, de diferentes formas, políticas públicas de patrimônio e valores das classes dominantes.

Na construção deste trabalho, algumas fontes foram bastante úteis. Artigos da Imprensa local, como dos Jornais: "A Colligação", "O Democrata", "Cidade de Goiaz", "Correio Oficial". Artigos do Jornal "O

Popular"⁵ - de forte influência na construção de valores goianos. Utilizei também, para essa análise, a documentação Oficial, como decretos de Governo, códigos de Postura Municipal e artigos de Jornal. Nestas fontes impressas, maneiras como as representações de patrimônio na cidade de Goiás estão expressas, foram importantes na apreensão de modos como se engendra a construção da cidade e de uma memória hegemônica, numa articulação entre interesses políticos e normas públicas instituídas anteriormente e ao longo das políticas de patrimônio engendradas nesse processo.⁶

Procurei compreender esse processo trabalhando as narrativas como expressões oriundas de experiências e relações sociais vividas. Como tal, elas remetem aos modos como os valores se consolidam, ao tempo em que contribuem, com essa consolidação. (WILLIAMS, 1977)

Nas narrativas de alguns moradores, investigo os sentimentos de pertencimento, buscando compreender como constroem seus territórios, atribuindo significados a esses espaços, identificando-se com alguns e rejeitando outros. Investigo o modo como as histórias se dão a partir de um "mito da necessidade", às vezes vinculado aos "mitos de origem" do espaço urbano. A origem a partir do Rio Vermelho, do garimpo, presente nas obras literárias, narrativas orais, impressas, *folders*⁷ turísticos, cartões-postais⁸, entre outros. (RABAÇA, Carlos Alberto e BARBOSA, Gustavo Guimarães, 1987)

Nas fotografias de época, pude apreender imagens destacando lugares, evidenciando costumes e monumentos. Em muitas, o processo de transferência da capital está explicitamente abordado e valorado; em

---

5 O Jornal O Popular é um forte veículo impresso, que é responsável pela televisão Anhanguera em Goiás, afiliada da TV Globo. Esteve em Goiânia desde o início e é para Goiás como a "Folha de São Paulo" está para São Paulo.

6 Para realizar essa pesquisa e outras mais referentes à fontes impressas como artigos de Jornal, inspirei-me nas discussões realizadas por Tânia Regina Luca, Marcos Napolitano e Verena Alberti, em obra publicada em 2005, conforme consta na referência bibliográfica deste trabalho.

7 Para melhor esclarecer o leitor, busquei a definição de *Folder* no Dicionário de Comunicação: "Voltante, prospecto ou folheto constituído por uma só folha impressa, com duas, três ou mais dobras. Em inglês, *fold* significa `dobrar'".

8 No mesmo dicionário, Cartão-Postal significa "Cartão retangular, cuja remessa postal dispensa o uso de envelope. Uma das faces traz uma foto de paisagem turística ou qualquer outra ilustração e a outra, espaço reservado para correspondência, selo e endereçamento."

outras, esse processo é mais velado, mas indiretamente retratado. Tratei de compreender modos como se entretecem poderes e se constroem consciências hegemônicas.

A literatura também me auxiliou nessa compreensão. Nas obras de Cora Coralina, espaços e valores são representados. (Ver DELGADO, 2004) Sua narrativa escrita retoma dimensões da história da cidade, fala sobre o período da escravidão, sobre as lavadeiras locais, o Rio Vermelho e suas enchentes. Na narrativa da autora, a retomada de uma memória sobre a cidade ajudou-me a compreender uma das histórias sobre Goiás e o modo como sua história, sua casa e sua narrativa acabaram compondo o circuito de políticas turísticas no local, enfocando também a gênese do espaço urbano.

Os *folders* possibilitaram visualizar a cidade; particularmente a cidade patrimônio e a do turismo, na qual se reforçam imagens da cidade que se pretendem sedutoras.

Festejos, eventos, comemorações e rituais serviram-me também de material na compreensão das relações sociais vividas no lugar. A Procissão do Fogaréu, por exemplo, que acontece durante a Semana Santa, em Goiás, tornou-se um evento extremamente midiático, invadindo o espaço de moradores locais. O Festival Internacional de Cinema Ambiental (FICA) é um bom exemplo de um forte estimulante à economia da cidade, que gera movimento e trabalho para os que ali residem e traz consigo uma avalanche de sujeitos interferindo no espaço dos que ali vivem. O espaço passa a ser freqüentado por outros sujeitos, além dos moradores. No caso do FICA, são pessoas ligadas à área de cinema, simpatizantes de tal prática, sujeitos voltados para discussões ambientais e turistas em busca de eventos como apresentação de cantores e mostra de "curtas" - filmes de pequena duração. Esta dinâmica de eventos culturais turísticos é uma das características das cidades "patrimônio histórico" instituídas como produtos para o mercado.

Os mapas turísticos, além de delinear e dar visibilidade à cidade histórica, serviram para traçar outros caminhos percorridos pelos moradores no seu cotidiano, apropriando-se diferentemente dos modos idealizados pelas políticas turísticas, partilhando às vezes os mesmos lugares, mas com usos diversos. Tentei compreender o modo como os circuitos se entrelaçam, produzindo significados comuns e diversos sobre a cidade histórica.

Na construção das minhas reflexões, não poderia deixar de citar alguns trabalhos sobre Goiás, cujas pesquisas foram importantes e forneceram informações preciosas sobre a cidade. Os trabalhos desenvolvidos por Heliane Prudente Nunes (NUNES, 1984) e Barsanulfo Gomides Borges (BORGES, 1994) referentes ao transporte em Goiás, em vários momentos tratam os modos como as políticas de transporte incidiram na Cidade de Goiás. Ambos foram importantes porque me ajudaram a compreender a história local e perceber os modos como as "distâncias" foram sendo burladas, caminhos foram sendo construídos e ligações foram sendo estabelecidas com outros locais além de Goiás e dentro do próprio Estado, criando vínculos e rompendo outros.

Itami Campos (CAMPOS, 1985) ajudando-me a reunir informações sobre a política vigente durante a República em Goiás e os embates que se sucederam no período. O autor faz reflexões sobre o período da transferência da capital para Goiânia, apresentando discussões sobre práticas políticas e coalizões partidárias que antecederam o evento, auxiliando-me na reunião de dados para construir minhas reflexões sobre disputas para poderes locais.

Discutindo o espaço específico da cidade de Goiás, o trabalho de Danilo Rabelo (RABELO, 1997) foi interessante para compreender o percurso de construção de comportamentos e práticas culturais na antiga Vila Boa, desde o século XIX.

Gustavo Neiva Coelho (COELHO, 1997), um arquiteto estudando a história, pôde, com sua pesquisa, mostrar o olhar da arquitetura sobre a cidade, apresentando versões sobre a construção do espaço urbano até então não apresentadas pela historiografia goiana.

O trabalho de Miriam Bianca Ribeiro (RIBEIRO, 1998), discutindo a tradição política da família Caiado, constituída em Goiás desde o século XIX, foi primordial nas análises sobre os discursos políticos que permearam o período republicano na cidade e contribuiu de forma significativa nas reflexões que conduziram à composição da categoria de "memória hegemônica" aqui colocada. Seu trabalho foi fundamental porque nesta pesquisa, a autora discute o poder simbólico da família Caiado, construído desde sua chegada à região goiana e o modo como esta se consolidou e manteve nas práticas políticas locais. Andréa Delgado (DELGADO, 2004) discutiu Cora Coralina e o modo como a autora foi se constituindo em "mulher monumento", sendo incorporada às práticas turísticas da cidade. Sua investigação me trouxe subsídios para pensar Cora tanto como moradora local como referência cultural para residentes da cidade, órgãos de cultura e turistas visitantes.

Luís Palacin (PALACIN, 1976 e 1994) e Nasr Chaul (CHAUL, 1989 e 1997) foram também fortes referências no processo de construção do meu conhecimento sobre Goiás desde 1995. O primeiro pesquisou e escreveu algumas obras relacionadas ao ciclo do ouro em Goiás. Nelas, o autor apresenta uma história de longa duração, carregada de informações auxiliam na compreensão dos modos como as relações em torno do garimpo formaram vida em torno dele. O segundo realizou pesquisas sobre as supostas "decadência e atraso" causados pelo fim do ciclo do ouro. Em sua obra, Chaul nega a existência do período de "decadência", já que defende o fato de jamais ter havido um "apogeu". Embora tenham tratado dos séculos XVIII e XIX, estendendo-se ao XX, ambos procuraram mapear o processo que contribuiu na construção da imagem de cidade do "ócio e do atraso", apresentando informações importantes na construção de minhas reflexões.

Influenciada por todos esses autores e realizando pesquisas, fui formulando o trabalho aqui apresentado. Que se divide em três capítulos. No primeiro, são narradas as múltiplas cartografias[9] da cidade, enfocando-as a partir das imagens criadas sobre ela, seus espaços e suas edificações configurados através dos *folders* turísticos que indicam locais de visitação aberta ao público, sendo considerados "importantes". Estas análises permitem visualizar o modo como se enfatiza a cidade patrimonial vivida pelos que a visitam ou cogitam visitá-la. Assim, o capítulo intitula-se: "A Cidade Vista pelos *Folders* - A cartografia de espaços turísticos". O segundo enfatiza a cidade vivida pelos moradores, intercalando e entrecruzando a trajetória pensada para os turistas à trajetória vivida cotidianamente pelos que residem na antiga capital. Nele também procuro traçar algumas considerações sobre o modo como moradores, pertencentes a diversos grupos sociais e o guia do museu Conde dos Arcos interpretam a cidade histórica e as práticas turísticas. Deste modo, o Capítulo 2 está assim denominado: A Cidade Histórico- Patrimonial Vivida e Significada por seus Moradores. Já o Capítulo 3 faz uma discussão sobre "as águas" em Goiás e as múltiplas memórias criadas sobre elas, em específico sobre o Rio Vermelho, pre-

---

[9] Trata-se de trajetos criados para o turista, seja em forma de pequenos mapas da cidade, seja na forma de citação de locais turísticos a serem visitados. Podemos chamar de cartografia turística também, *folders* que abordam histórias sobre eventos ou locais considerados importantes na trajetória do visitante.

sente nas narrativas orais e escritas. Estas constituem as histórias da cidade histórica, tornando-o uma forte referência cultural na literatura, na imprensa escrita e televisionada, assim como para moradores locais. O capítulo intitula- se: "O Rio Vermelho como Referência Cultural: muitas histórias....sobrevivência, gênese, trabalho... amor e dor!" e precede as Considerações Finais, que de "finais" nada albergam, já que diante da postura teórico-metodológica aqui adotada, a história se mostra dinâmica por um constante fazer-se!

CAPÍTULO 1.
A CIDADE VISTA PELOS *FOLDERS*: A CARTOGRAFIA DE ESPAÇOS TURÍSTICOS

Este capítulo narra sobre os *folders* destinados às práticas turísticas na Cidade de Goiás, seja para eventos locais ou festividades religiosas. Os *folders* são colocados de forma diferente, e cada qual possui uma intenção, mas são constantemente voltados para o visitante turista, criando cartografias prévias para que a cidade seja percorrida conforme os valores patrimoniais que a norteiam. Deste modo, neste capítulo, teço algumas considerações e, em alguns momentos, críticas ao modo como a cidade é definida ou espetacularizada. Para tanto, cito os *folders* e analiso as imagens e narrativas escritas que os compõem.

Ora, os *folders* tendem a aguçar o olhar daquele que o vê. Serve como norteador de passeios e viagens para locais muitas vezes desconhecidos. Eles nos guiam e nos traduzem histórias e nos conduzem a experiências que se tornam marcantes para nós, no mundo contemporâneo, tão preocupado com a diversidade cultural.

Vivemos a era da preservação patrimonial. Temos receio de que as coisas do passado se percam em meio ao turbilhão de novas conquistas tecnológicas. Na aceleração da produção do novo, desejamos reviver tradições, resguardar o passado e guardar coisas para gerações futuras. Dentro dessa dinâmica, os mapas de visitação turística das cidades consideradas históricas, são carregados de referências que merecem uma análise aprofundada.

Tendo os *folders* turísticos como ponto referencial na investigação sobre espaços e trajetos turísticos, pode-se dizer que estes são expressões de experiências sociais, impregnadas de histórias que estão sendo vividas e constantemente transformadas.

Eles expressam tendências e políticas turísticas vigentes, influenciando a mudança ou a permanência de referências de locais e nomes com visibilidade pública[10]. Por isso se tornam instrumento de interpretação das tendências preservacionistas e turísticas nas cidades consideradas históricas. Podem se tornar sustentáculos de muitas histórias e, em função disso têm o poder de direcionar, manter ou alterar o trajeto dos visitantes turistas. Podem contribuir ou não na imagem de nomes, famílias ou locais pertencentes ao conjunto reconhecido publicamente como patrimonial nas cidades consideradas históricas, visitadas por turistas.

Observando a cartografia expressa nos *folders* turísticos da cidade de Goiás, vejo atribuições de significados ao passado, com vistas a uma movimentação presente. Como registrou Williams (1977, p.133), a "consciência prática é aquilo que acreditamos estar sendo vivido (...). É um tipo de sentimento e pensamento que é realmente social e material, mas em fases embrionárias, antes de se tornar uma troca plenamente articulada e definida".

Nos *folders* analisados é perceptível a visibilidade pública atribuída a diferentes nomes e locais. Diante de uma pluralidade de referências patrimoniais presentes nas cidades reconhecidas como histórico/patrimoniais, as reflexões que envolvem os setores responsáveis por ações ligadas à cultura estão criando novos caminhos de conduta para pensar as práticas de preservação e valoração da cultura.

Políticas patrimoniais têm se aproximado das discussões culturais e tentado trazer valores que não se restringem somente ao passado colonial ou às formas tradicionais acabadas, definidas. Atualmente, tem-se revisto o próprio conceito de patrimônio, aproximando-o, nas reflexões, de elementos que têm constituído as memórias e a vida das pessoas que residem em lugares históricos.

Na própria Constituição da República de 1988, a discussão sobre o alargamento da noção de patrimônio se faz presente. No Título VIII (Capítulo III/Seção II) *Da cultura* o Artigo 216 destaca o patrimônio cultural, incluindo nas formas de vigilância e preservação dos bens culturais a participação de comunidades locais:

> Art. 216. Constituem patrimônio cultural brasileiro os bens de natureza material e imaterial, tomados individualmente ou em conjunto, portadores

---

[10] São nomes e locais que cada qual a sua época ganham visibilidade expressando tendências

de referência à identidade, à ação, à memória dos diferentes grupos formadores da sociedade brasileira, nos quaisse incluem:
I – as formas de expressão;
II – os modos de criar, fazer e viver;
III – as criações científicas, artísticas e tecnológicas;
IV – as obras, objetos, documentos, edificações e demais espaços destinados às manifestações artístico-culturais; V – os conjuntos urbanos e sítios de valor histórico, paisagístico, artístico, arqueológico, paleontológico, ecológico e científico.

§ 1º. O Poder Público, com a colaboração da comunidade, promoverá e protegerá o patrimônio cultural brasileiro por meio de inventários, registros, vigilância, tombamento e desapropriação, e de outras formas de acautelamento e preservação.

§ 2º. Cabem à administração pública, na forma da lei, a gestão da documentação governamental e as providências para franquear sua consulta a quantos dela necessitem.

§ 3º. A lei estabelecerá incentivos para a produção e o conhecimento de bens e valores culturais.

§ 4º. Os danos e ameaças ao patrimônio cultural serão punidos, na forma da lei.

§ 5º. Ficam tombados todos os documentos e os sítios detentores de reminiscências históricas dos antigos quilombos (1988, p.111)

Esta noção de patrimônio, veiculada na Constituição de 1988, tem se pronunciado na produção de *folders* para divulgação e ordenação de eventos na cidade da qual focamos esta pesquisa. Isso não significa, porém, que as narrativas de *folders* turísticos e o traçado neles, muitas vezes sugerido, tenham destituído a memória construída hegemonicamente. Ao contrário, dá-se maior atenção a monumentos referentes ao período da colonização portuguesa e período imperial brasileiro.

Isto não é uma característica que se limita à Cidade de Goiás. Desde 1937, quando o Serviço de Patrimônio Histórico Artístico Nacional (SPHAN)[11] foi criado, estes são os pontos referenciais para o reconhecimento de uma história patrimonial no nosso país. Esse trajeto contribuiu na construção de uma imagem de cidade histórica que exclui pessoas sem visibilidade pública, ainda que 'nomes' de uma história recente sejam valorizados na trajetória turística.

Essa abordagem do patrimônio na cidade articula-se às estratégias e projetos de valorização e manutenção da imagem histórica da Cidade

---

[11] Caro Leitor, sobre a história do órgão nacional responsável pela preservação dos bens patrimoniais no Brasil, ver Introdução deste trabalho, para, deste modo, não tornar repetitiva tal explicação.

de Goiás como a antiga capital. Uma das formas de execução do projeto de manutenção da imagem de uma cidade histórica são os *folders* turísticos, destinados a visitantes, turistas e participantes de eventos no local. Carregados de intencionalidade este material turístico e/ou propagandístico são suporte na valoração de determinadas ruas, prédios, objetos, praças e pessoas. Deste modo, eles se tornam o traçado previamente pensado para aquele que circulará pela cidade, um evidente instrumento de valoração de ambientes e nomes considerados históricos pela visibilidade pública conquistada.

A confecção de *folder*s turísticos é, nesse sentido, uma das formas de realimentar tendências impregnadas desses interesses e intenções políticas. Elaborados pelo IPHAN e por órgãos públicos da cultura do Estado e do Município, os *folder*s articulam-se com representações de necessidades políticas de reconhecimento do valor histórico da cidade. Eles acompanham a história de construção da imagem histórica.

1.1. O MAPA TURÍSTICO DOS *FOLDERS* NO FESTIVAL INTERNACIONAL DE CINEMA AMBIENTAL: O FICA

O FICA, Festival Internacional de Cinema Ambiental, é um evento que acontece no mês de junho na Cidade de Goiás desde o ano de 1999. Trata-se de um festival criado pela Agência Goiana de Cultura do Estado de Goiás (AGEPEL), que tem por finalidade divulgar longas, curtas e outras obras audiovisuais com temática ambiental. A Cidade recebe um número expressivo de pessoas na semana deste festival, pois além dos filmes há outras atividades culturais, como música, exposições, teatro etc.

O fato de este evento fazer parte das atrações da cidade, consolidando-se a cada ano, produz um vasto material de divulgação: reportagens televisivas, matérias em jornais, álbuns, textos, postais e, entre outros, o material analisado nesta parte da pesquisa: os *folders*. Trata-se de um material de divulgação primoroso, que remete a prédios históricos e constrói uma cartografia turística para os visitantes turistas e participantes do evento.

No ano de 2004, os organizadores do FICA criaram um *folder* no qual o traçado do mapa turístico inclui, além das rotas preservadas pelo Instituto do Patrimônio Histórico Artístico Nacional (IPHAN), a casa de Goiandira do Couto. Artista plástica, na época com 83 anos (ainda viva), que pinta telas com paisagens da Cidade utilizando areias coloridas extraídas nos arredores da Serra Dourada.

A valorização do trabalho desenvolvido pela artista configurou uma preocupação, provinda do órgão responsável pela preservação dos bens culturais, de reconhecimento da produção local mais recente. No *folder* em questão, a casa da artista é posta de forma a inseri-la como um dos pontos turísticos. No entanto, o valor atribuído à casa, cuja construção data de um século, está muito mais vinculado às obras da artista do que à arquitetura que a delineia. Isso ocorre porque a casa de Goiandira é valorizada não pelo seu patrimônio arquitetônico, mas por que a artista foi exaltada como uma das representantes da produção cultural local.

Isto permite observar o registro de um traçado que começa a priorizar outros pontos além dos idealizados a partir de 1937. A casa de Goiandira é então incorporada aos bens significativamente patrimoniais da cidade, mas ela não se basta. A casa é explicada no conjunto de outros monumentos, isso ocorre porque as referências patrimoniais primeiramente eleitas desde 1950 estão, sobretudo, nas igrejas e nos locais públicos administrativos de época. Isto é perceptível nas expressões de *folders* sobre a cidade.

Apela-se para a apresentação de locais e pessoas considerados tradicionais na cidade. A tradição expressa nos *folders* é, portanto seletiva, sobretudo, porque o que permanece na narrativa do material impresso são os locais há muito considerados históricos, e nomes já consolidados na memória local, ainda que se incorporem personagens mais recentes, como é o caso da artista plástica citada.

Nesse sentido, reconhece-se o trabalho de Goiandira, como uma das representantes do grupo de artistas locais, com suas experiências ligadas às areias coloridas. Esse reconhecimento ocorre, sobretudo, em função dessa nova tendência de valorizar práticas artísticas e artesanais como a exercida pela artista.

Admitir Goiandira do Couto como uma das referências turísticas da cidade, é significativo, pois implica perceber que essa dinâmica de atribuição de significados e valores vem das experiências sociais entendidas em um determinado momento ou período. A casa da artista plástica, tida como referência turística, é também entrelaçada a outros monumentos de valor adquirido desde 1937, como se pode perceber no texto do *folder* analisado.

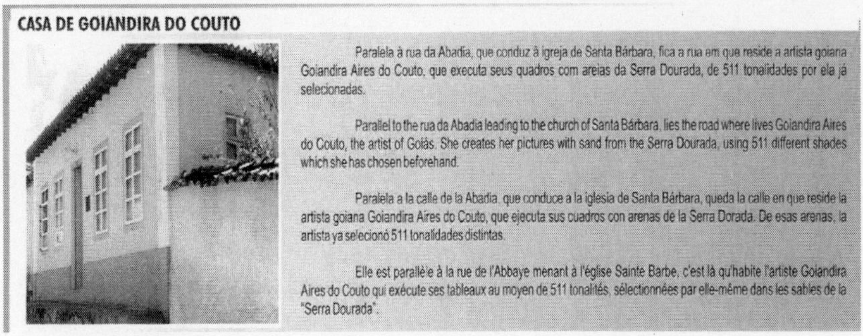
CASA DE GOIANDIRA DO COUTO

Paralela à rua da Abadia, que conduz à igreja de Santa Bárbara, fica a rua em que reside a artista goiana Goiandira Aires do Couto, que executa seus quadros com areias da Serra Dourada, de 511 tonalidades por ela já selecionadas.

Parallel to the rua da Abadia leading to the church of Santa Bárbara, lies the road where lives Goiandira Aires do Couto, the artist of Goiás. She creates her pictures with sand from the Serra Dourada, using 511 different shades which she has chosen beforehand.

Paralela a la calle de la Abadia, que conduce a la iglesia de Santa Bárbara, queda la calle en que reside la artista goiana Goiandira Aires do Couto, que ejecuta sus cuadros con arenas de la Serra Dorada. De esas arenas, la artista ya selecionó 511 tonalidades distintas.

Elle est parallèle à la rue de l'Abbaye menant à l'église Sainte Barbe, c'est là qu'habite l'artiste Goiandira Aires do Couto qui exécute ses tableaux au moyen de 511 tonalités, sélectionnées par elle-même dans les sables de la "Serra Dourada".

Fig. 1: *Recorte do folder do V FICA - referindo-se à Casa de Goiandira do Couto*

A cartografia de chegada à casa tem como referência a Igreja de Santa Bárbara[12]. A narrativa do *folder* diz: "Paralela à Rua da Abadia, que conduz à Igreja de Santa Bárbara, fica a rua em que reside a artista goiana Goiandira Aires do Couto, que executa seus quadros com areias da Serra Dourada, de 511 tonalidades por ela já selecionadas".

Como já foi ressaltado, a casa é explicada no interior de outros monumentos já reconhecidos como histórico patrimoniais desde 1950. É o caso da Igreja de Santa Bárbara. Para falar da casa de Goiandira, o *folder* se reporta ao trajeto que conduz à Igreja, marcando uma trajetória na valorização dos monumentos locais, mas também nos remetendo à história agora incorporada aos monumentos já reconhecidos patrimonialmente.

Além de locais e nomes, eventos são colocados à cena da ilustração dos *folders*, pois, segundo Willians (1977, p.132), todas as formas de narrativas expressas são, notadamente, sociais, "quando são articuladas e explícitas". Tais formas são sociais porque as narrativas se constroem 'entre' e 'dentro', 'nas' e 'das' experiências vividas em sociedade.

12 Construção iniciada em 1775 e concluída em 1780. Localizada junto à saída da cidade para o norte, essa Igreja é alcançada por uma escadaria de 98 degraus que, segundo informações, teria sido originariamente de pedra-sabão, posteriormente substituída por cimento. Ver mais sobre isso em COELHO, G. N. *Guia dos Bens Imóveis Tombados em Goiás. Vila Boa* (vol 1). Goiânia: Instituto de Arquitetos do Brasil, 1999.

Fig. 2: *Aqui, página interna do Folder "Bem Vindo à Cidade de Goiás", narrando sobre a Igreja de Santa Bárbara (circundada em vermelho), que é apontada no Folder do V FICA (ver figura 1) como referência geográfica à chegada na Casa de Goiandira do Couto.*

A narrativa dos *folders* incorpora valores hegemônicos e ao mesmo tempo é eminentemente dinâmica. Além de reunir idéias e experiências oriundas dos valores que compuseram a criação do SPHAN em 1937, também é influenciada pelo processo de construção de 'novas' necessidades. A narrativa construída para os turistas incorpora tanto os valores hegemônicos construídos tradicionalmente quanto outros aceitáveis pela população local. Por isso a tradição nele evocada é uma forma de refletir sobre os elementos considerados tradicionais, levando-se em conta que são re-apropriados no presente e as necessidades nele contidas.

Nos *folders* turísticos os trajetos são sugeridos. No *folder* do V FICA[13], a cartografia turística abrange: "Chafariz de Cauda (1778); Igreja de São Francisco (1761); Casa de Goiandira do Couto (local em que vive a artista goiana); Gabinete Literário (1864); Igreja do Rosário (1934); Igreja da Abadia (1790); Cruz do Anhanguera (construída em 1794, destruída em 1839, reconstruída posteriormente); Casa de Fundição do Ouro (1752); Lyceu de Goiás (1846); Hospital São Pedro (1825); Igreja do Carmo (1786); Chafariz da Carioca (1772); Museu das Bandeiras (Casa de Câmara e Cadeia erguida em 1761); Museu da Boa Morte (Igreja da Boa Morte erguida em 1779); Palácio Conde dos Arcos (década de 1750); Casa de Cora Coralina (século XIX)."

---

13 *Folder* criado para o *V Festival Internacional de Cinema Ambiental*.

Fig.3: Nesta imagem, o mapa turístico do folder "Bem Vindo à Cidade de Goiás", elaborado em 2001. O Folder do V FICA apresenta um mapa equivalente (Ver figura 4), mostrando a permanência dos valores turístico-patrimoniais e o modo como o traçado sugerido ao turista realimenta a visitação ao centro histórico e aos locais que, desde a década de 1950, foram considerados importantes referências históricas da cidade. Interessante notar que em ambos, não consta a imagem da Casa de Goiandira do Couto.

Fig. 4: *Mapa turístico do Folder do V FICA*

Esses pontos se constituem em referência de visitação turística, construindo e disciplinarizando uma "cartografia da visitação" e, portanto, valorando edifícios e espaços. O traçado se torna um circuito a ser descoberto, tendo como base imagens e textos que guiam o leitor visitante a todos esses lugares que, englobados, constituem o chamado centro histórico da cidade. Enquanto as imagens dos *folders* conduzem os olhares dos turistas, seus textos tendem a mapear um traçado a ser seguido, destinado aos turistas, e conduzindo a trajetória dos visitantes.

Reforçando valores que configuraram as ações do IPHAN desde 1937, vários locais são citados de forma a solidificar a imagem da cidade colonial. Em contrapartida, seguindo uma tendência em incorporar outras referências de patrimônio, a narrativa do *folder* do FICA traz uma história recente, apontando lugares que se tornaram significativos em função do reconhecimento de "personalidades locais" também de uma história recente. Trazem, como já foi dito, nomes como o de Cora Coralina (escritora do século XX) e Goiandira do Couto (artista local ainda viva), abrindo as brechas para valores construídos no presente.

Sobre o "Chafariz de Cauda", por exemplo, consta: "No grande largo da Casa de Câmara e Cadeia foi erguido em 1778 o Chafariz da Boa Morte. Parietal, tem a parede terminada por frontão recortado em curvas e contracurvas. As bicas vertem água para tanques dispostos também em curvas, dentro do recinto contornado por bancos e muretas.". Criada para o turista, a narrativa é complexa, carregada de termos pouco utilizados cotidianamente: "Frontão", conforme o dicionário da língua brasileira, organizado pelo MEC na década de 1970, é: "Peça arquitetônica que adorna a parte superior de portas ou janelas ou que coroa a entrada principal ou fronteira de um edifício" É um vocabulário bastante específico, de difícil compreensão aos "leigos" em arquitetura. Algo que só uma visita guiada poderia explicar. Assim, alguns termos inseridos nos *folders* são apenas elementos formais que, se a maioria dos turistas desconhece o significado, por outro lado, pode atiçar sua curiosidade, principalmente se tais termos forem inseridos nos *folders* com amostragens visuais.

Essa é uma questão explicável sobre o ponto de vista do processo de construção do patrimônio como instituição. O IPHAN é um órgão constituído ainda hoje, em grande parte, por arquitetos e antropólogos e, atualmente, mesclado também por tendências ao reconhecimento de outras expressões culturais como lendas e contos populares. Imbricam-se critérios tradicionais e novos, nos quais lendas e histórias sobre locais arquitetonicamente valorados desde 1937 são incorporados à trajetória patrimonial local.

Outros símbolos da representação da história hegemonicamente construída se configuram no *folder* analisado. Assim, outra narrativa significativa presente no *folder* do V FICA é a que alude sobre a "Cruz do Anhanguera". Esta, que na verdade faz referência e reverência à chegada da "Bandeira do Anhanguera", responsável pelo desbravamento e dominação do local, traz, no *folder*, uma narrativa que cita a enchente que ocorreu em 1839, mas nada fala sobre a "Cruz" como um símbolo da conquista. O texto diz:

> A Rua da Lapa conduz ao local onde se ergue a 'Cruz do Anhanguera' e onde outrora existiu a Igreja da Lapa, construída em 1794 por Vicente Vaz Roxo, que foi destruída pela grande enchente do Rio Vermelho, no ano de 1839.

A Cruz do Anhanguera nos remete aos tempos de conquista e dominação da região dos Goyases, marcando a memória do poder e da colonização dos povos. O mais significativo é notar que vários moradores vêem ambos como representantes do patrimônio local. Isso não é ao acaso, já que ambos foram construídos como forma de celebração e exploração do processo de construção da "imagem de cidade histórica"[14].

Nesse caso, o que se percebe é que a identidade da cidade está atrelada à memória da conquista, do poder e da dominação. Entretanto, trata-se de uma identidade dinâmica, incorporada, constantemente reincorporada e representada. Desse modo, a Cruz do Anhanguera não nos remete mais somente à história do poder, mas à necessidade de manutenção da história da origem da cidade. Como Goiás é uma cidade que se pretende histórico/turística, o estímulo a formas que constituem um "mito de origem" são também evocadas, garantindo o alimento ao valor do monumento através do olhar externo, como por exemplo, do turista.

Não é por um acaso que para citar a Cruz do Anhanguera a narrativa do *folder* faça referência à Igreja da Lapa e à enchente de 1839. Ora, como uma cidade de origem colonial, as Igrejas têm um papel identitário fundamental. A enchente de 1839 refere-se aos tempos longínquos, mas outro evento ocorrido em 2001 pode ser indiretamente lido no *folder*: uma enchente mais recente.

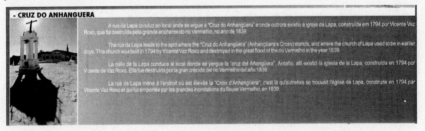

Fig.5: *Recorte do Folder do V FICA, referindo-se à Cruz do Anhanguera. Nota-se que esta é retratada isoladamente. Já no folder " Cidade de Goiás - Patrimônio Cultural" (figura 6) a Cruz do Anhanguera tem como pano de fundo, a Casa de Cora Coralina e a Igreja do Rosário. É importante lembrar que este segundo folder foi elaborado logo após a obtenção do título de Patrimônio Histórico e Cultural da Humanidade.
Assim tendendo a retratar o panorama histórico patrimonial
como parte da paisagem da Cidade de Goiás.*

---

14 Isto mostra inclusive que moradores locais também incorporam marcos patrimoniais, vivendo e convivendo com eles, entendendo-os como parte de seu *modus vivendi*.

Tal fato que acontecido logo após a cidade ter sido reconhecida como Patrimônio Histórico e Artístico da Humanidade, pela UNESCO, em 2001, também se configurou importante, pois remete à história do Rio Vermelho e a um evento controverso do presente, que foi amplamente abordado pela mídia televisiva. Além de apontar nas entrelinhas, o Rio Vermelho, também faz alusão velada à reconstrução da Cruz, exaltando o papel que o monumento tem na história da cidade e aos seus moldes "histórico/patrimonial", e, assim, solidificando-o enquanto tal.

Fig.6: *Cruz do Anhanguera, retratada no Folder "Cidade de Goiás - Patrimônio Cultural"*

No *folder* criado pela Agência Goiana de Cultura Pedro Ludovico Teixeira, antes de 2001, vê-se a preocupação em apresentar a cidade como um propenso Patrimônio Histórico Mundial. No mesmo *folder*, também o Rio Vermelho aparece como foco importante, reportando-se indiretamente a um "mito de origem" quando diz: "Às suas margens, bandeirantes e garimpeiros iniciaram a história da cidade e do Estado de Goiás." Apontando os vários ângulos do Rio, indica as ruas das quais a paisagem do Rio hoje é composta, configurando o traçado da cidade a partir dele: Ponte Rua Couto Magalhães e Avenida Dom Prudêncio. Ainda no *folder*, a imagem da Cruz do Anhanguera, antes da Enchente de 2001, apresenta a Rua Moretti Fogia, a partir da Ponte que desemboca na Casa de Cora Coralina, evidenciando os dois monumentos que valoram o "mito de origem": O Rio Vermelho e a Cruz do Anhanguera, além disso, tornam a imagem ainda mais significativa porque visualizamos a Casa de Cora, residência da poetisa cuja obra também tratou de abordar a história da cidade, a escravidão e as práticas culturais vividas no e em torno do Rio Vermelho.[15]

---

15 *Folder* "Cidade de Goiás" – Patrimônio Cultural.

Fig. 7: *Aqui, o Folder "Cidade de Goiás - Patrimônio Cultural" mostra o Rio Vermelho como referência à origem da cidade. Apontando a gênese urbana a partir do ciclo aurífero e da chegada dos Bandeirantes, como pano de fundo, tem-se a Casa de Cora Coralina e o Hospital da cidade.*

A Cruz do Anhanguera é um monumento valorado que nos remete à história de poder e autoridade. Outros monumentos apresentam esse valor de autoridade e dominação. Sobre o caráter hegemônico dos valores patrimoniais apresentados no *folder* do V FICA, também a antiga Casa de Câmara e Cadeia – atual Museu das Bandeiras - ganha destaque. O Museu das Bandeiras, cuja narrativa é assim exposta:

> Prédio nobre, de dois pisos, abriga hoje o Museu das Bandeiras. Com paredes de até um metro e quarenta centímetros de largura, foi erguido em 1761, no então largo da Boa Morte, para abrigar a Casa da Câmara e Cadeia Pública.[16]

A Casa de Câmara e Cadeia é uma construção da segunda metade do século XVIII, 1761. O projeto do edifício foi enviado pela corte portuguesa e se estabeleceu à época como o maior do gênero em toda a capitania. Além deste edifício, no mesmo período, quatro importantes Igrejas foram erguidas em Goiás: Igreja de São Francisco, em 1761; Igreja de Nossas Senhora da Abadia, em 1770; Igreja de Nossa Senhora da Boa Morte, em 1779; e Igrejinha de Santa Bárbara, em 1780. A penúltima foi edificada sobre os alicerces de uma das casas de Bueno, o Anhanguera[17]. Assim, a narrativa do *folder*, que faz alusão ao Museu das Bandeiras, além de apontar a monumentalidade do edifício, também usa como referência o Largo da Boa Morte, re-memorando a Igreja da Boa Morte. Seguidamente, o *folder* traz o texto da própria Igreja, mostrando o caráter religioso da cidade e ligando-o à história da conquista da bandeira paulista em Goiás, bem como à nossa história de formação católica:

> A Igreja da Boa Morte foi erguida em 1779, no local 'onde havia uma capela dedicada a Santo Antônio'. Vinha 'transferida' do largo do Chafariz, e diz a tradição que, sob sua fundação, estão os alicerces de uma das bases do Anhanguera.

Deste modo, a Igreja da Boa Morte hoje funciona como Museu – local de visitação pública e ganha visibilidade pública quando abordada neste e outros *folders*, evidenciando a importância atribuída ao passado de formação católica do período de colonização do Brasil, estendendo-se ao Império. Com relação a isso, e ainda na leitura do *folder* do V FICA, quatro igrejas são colocadas no trajeto turístico, tendo uma delas se transformado em Museu.

---

16 *Folder* do V FICA

17 Sobre a História do Patrimônio na Cidade de Goiás, Ver GOMIDE, Cristina Helou. Do Centralismo Político à Tradição Histórica. Dissertação de Mestrado: Goiânia: Programa de Pós-graduação em História das

Sociedades Agrárias da UFG, 1999. Alem deste, sobre o modo como a imagem de cidade histórica se configura na cidade de Goiás, VER GOMIDE, Cristina Helou. ""Cidade de Goiás: da idéia de preservação à valorização do patrimônio – a construção da imagem de cidade histórica (1930-1978)" In CHAUL, Nasr e DUARTE, Luís Sérgio. As Cidades dos Sonhos – desenvolvimento urbano em Goiás. Goiânia: Editora UFG, 2004, p.101-136.

Lendo nas entrelinhas, o *folder* do V FICA reforça um "mito de origem", que prefiro denominar "mito da necessidade", pois é utilizado como referência de localização do turista, lembrando-o sempre do papel do rio para a história da cidade. Utilizando o Rio Vermelho como referência de localização, dois são os pontos citados: Hospital São Pedro, de 1825 e a Casa de Cora. O rio, constantemente citado na literatura produzida sobre a cidade, nos remete ao século XVIII e ao movimento oriundo do período. Remete-nos à história da águas e à época da formação da cidade de Goiás. Pode-se perceber que dos dezesseis pontos turísticos citados no *folder*, dez deles fazem alusão ao século XVIII. Assim, não somente o período de "origem" é valorado na construção da cartografia turística: o período Barroco também é amplamente explorado, conforme os valores criados pelo SPHAN em 1937, priorizando o tombamento e a preservação de prédios referentes ao período.

- Chafariz de Cauda – 1778;
- Igreja de São Francisco – 1761;
- Museu das Bandeiras – 1761;
- Museu da Boa Morte – 1779;
- Palácio Conde dos Arcos – 1750-59;
- Igreja da Abadia – 1790;
- Cruz do Anhanguera – 1794;
- Casa de Fundição do Ouro – 1752;
- Igreja do Carmo – 1786;
- Chafariz da Carioca – 1772.

O século XVIII para a construção da história hoje considerada monumental na cidade, foi bastante importante para a construção da trajetória turística. Além das igrejas já citadas, também o Chafariz de Cauda foi criado em 1788 para abastecer a cidade. Sua função era fornecer água potável à população, demonstrando, portanto, a preocupação em se estruturar a vida cotidiana do cidadão local. Vale lembrar que a Casa de Fundição foi criada em 1752, por Conde dos Arcos – primeiro Governador de Goiás.

É significativo notar que a região goiana experimentou o gosto pela euforia do ouro, marcando-se na história do Brasil como uma cidade de origem mineratória. Mas, apesar dos descobridores terem contribuído com Goiás na abertura de caminhos e estradas, 1753 foi o maior ano de produção de ouro no local, seguindo-se, posteriormente a "decadência" das minas em Goiás[18]. É fato, portanto, que vários locais hoje considerados monumentais e constituintes da trajetória turística foram edificados após a chamada "decadência" do ciclo do ouro na região.

Entrelaçando o *folder* do V FICA ao *folder* "Cidade de Goiás – Patrimônio Cultural" editado anteriormente ao recebimento do título de Patrimônio da Humanidade concedido pela Unesco, pode-se perceber a preocupação em garantir a idéia do "espaço de origem" conforme podemos ver na narrativa escrita:

> Uma viagem ao Século XVIII.
> Em 1727 o bandeirante Bueno Bartolomeu da Silva fundou às margens do Rio Vermelho o Arraial de Santana, que depois se chamaria Vila Boa de Goiás e hoje, com uma população de 35.000 habitantes, Cidade de Goiás. Como antiga capital do Estado e centro econômico e cultural, Goiás é de grande importância por sua participação na história do estado e do País. Seu povo, cioso de suas tradições, soube manter um rico patrimônio arquitetônico. Os nomes do escultor Veiga Valle e da Poetisa Cora Coralina são testemunhos da tradição cultural Vilaboense.[19]

Vê-se mais uma vez o nome de Cora Coralina como umas das expressões da cultura local. Cora foi uma escritora do século XX, mas que retratou "tradições", re-alimentando valores antes vividos pela população da cidade, assim como o Barroco em Goiás.

O mesmo pode-se perceber no *folder* do FICA. Analisando o *folder* do V FICA, dez pontos referem-se ao período do Barroco em Goiás. Três são datados do século XIX, sendo o primeiro, um Hospital (Hospital São Pedro, 1825); o segundo, um estabelecimento de ensino (o Lyceu de Goyaz, 1846); o terceiro uma 'biblioteca pública' fundada em 1864, com iniciativa de alguns membros da cidade, que hoje é o Gabinete Literário, administrado pela AGEPEL.

As referências mais significativas utilizadas para a construção do traçado turístico são, portanto, as Bandeiras paulistas e o período Barroco em Goiás, configurando o "mito da necessidade" (na verdade, o "mito de origem", aqui denominado como "necessidade"). Isto se alude à origem da região e ao caráter religioso que é constituinte dessa história mineratório/religiosa. Por conseguinte, é uma história que nos remete à memória do desbravamento e da dominação.

---

[18] Ver PALACIN, Luís. O Século do Ouro em Goiás – 1722/1822: estrutura e conjuntura numa capitania de Minas. Goiânia: UCG, 1994, p.150.

[19] *Folder* Cidade de Goiás – Patrimônio Cultural

Vê-se ainda que nas narrativas escritas, as referências a locais religiosos e ao Rio Vermelho contribuem na localização geográfica do turista no centro histórico, marcando o enfoque dado à cidade e assim, à imagem de cidade histórico-patrimonial a partir dessa história hegemonicamente construída. (Re) Confirmando a imagem da cidade histórica, o *folder* é uma expressão do modo como "significados" e "valores" são colocados, representando experiências sociais ligadas à construção do caráter histórico/turístico de Goiás.

1.2. A SEMANA SANTA NOS *FOLDERS:* UMA (RE) SIGNIFICAÇÃO DO PASSADO

A Semana Santa na Cidade de Goiás é um outro evento que atrai inúmeros diferentes públicos entre turistas e devotos. Na historiografia regional, esta festa é registrada com detalhes, seja nos documentos oficiais, seja pelos viajantes que passaram pela região no século XIX, assim como em outras fontes.

Pelo seu significado de representação da tradição re-significada no 'presente', analisamos o *folder* da Semana Santa do ano de 2003, produzido pela *Organização Vilaboense de Artes e Tradi*ções (OVAT), criada em 1965. O texto faz um recorte da Semana Santa para discorrer e divulgar a Procissão do Fogaréu, uma procissão que acontece à meia-noite da quarta-feira Santa. O material analisado oferece mostras de como essa ritualística religiosa, realizada na cidade, desde o século XIX, é retomada, em 1966, pela própria OVAT. Justamente após o período dos primeiros tombamentos (1950) e antes da segunda ação do SPHAN (1978). Diz o *folder*:

> Nos primeiros minutos da Quinta Feira Santa, ocorre na cidade de Goiás a Procissão do Fogaréu, que é uma paraliturgia de cunho folclórico, mesclada de beleza cênica, variado colorido e um misticismo sem par. Uma das poucas realizadas no Brasil.
> Segundo historiadores, a Procissão do Fogaréu era e é ainda realizada em várias cidades de Portugal e da Espanha, ali sendo organizadas pelos Irmãos das Santas Casas de Misericórdias.
> No Brasil, temos notícia da primeira realizada, que foi em um povoado da Bahia em 1618, na Paraíba em 1726.
> Em Goiás foi introduzida pelo Padre João Perestelo de Vasconcelos Espindola em 1745, e desaparece no século XIX. Em 1965 foi criada a OVAT – (Organização Vilaboense de Artes e Tradições) na cidade de Goiás, cujo objetivo era valorizar as tradições goianas e seus principais traços culturais. Com isso ela foi reintroduzida em 1966 nas comemorações da Semana Santa.

O FARRICÔCO que aparece nessa manifestação é uma figura encapuzada que antigamente conduzia a tumba da misericórdia aos irmãos falecidos. Também acompanhava procissões de penitência e cortejos de execuções. São conhecidos pelos nomes de: Farricôco – Faricôco – Farricunco – Gato Pingado e em Goiás, popularmente Funicôco.

Os Farricôcos vestem túnicas de variadas cores, portando capuzes cônicos da mesma cor com babado sobre os ombros. Na cintura usam faixas largas na cor bege. Na mão carregam uma tocha, que acesa faz volume de fogo sendo num total de 40 em formação de 4 alas. Aqui eles representam os perseguidores de Cristo e executam a sua prisão. O Cristo flagelado é representado pela pintura de frente e costas em um estandarte feito pelo grande artista Goiano Veiga Valle.

A procissão é acompanhada por uma fanfarra de tambores que marca a cadência e um coral que executa músicas sacras goianas do século XIX. Em todo trajeto apresenta cenas excitantes e comoventes, num clima iluminado pelas labaredas das tochas que contrastam com o colorido das túnicas e com os beirais e paredes das casas coloniais que emolduram a representação. Dada a sua movimentação pelas ruas escuras da cidade, assemelha-se a uma torrente que perambula como um rio de fogo pelas vias estreitas, sempre acelerada ao som de tambores lúgubres, cumprindo a tradição da Cidade de Goiás PATRIMÔNIO MUNDIAL pela UNESCO.[20]

---

[20] *FOLDER* – Semana Santa em Goiás – OVAT – Organização Vilaboense de Artes e Tradições. Cidade de Goiás-GO, 2003.

Fig. 8: *Folder sobre a Semana Santa em Goiás. Elaborado pelo OVAT*

A criação da OVAT, em 1965, com o objetivo de preservar as tradições locais é uma forma de buscar no passado elementos para exaltar o presente. A Procissão do Fogaréu se moderniza e o folder acompanha essa transformação, alimentando as práticas turísticas da cidade 'Patrimônio da Humanidade'. A retomada da prática da Procissão do Fogaréu foi uma forma de ressaltar, de destacar a trajetória de construção da imagem de cidade histórica/turística que emergia desde a primeira ação do SPHAN na cidade.

É importante ressaltar que, apesar dessa aparente modernização da procissão, descrita no folder, não há pesquisas científicas que abordem a procissão nos século XVIII. Por outro lado nota-se que a Semana Santa é ressaltada, sobretudo, pelos viajantes europeus que passaram pela região de Goiás[21] no século XIX, contudo nenhum deles se refere à procissão de tochas, homens encapuzados, tambores etc. Sem dúvida, se houvesse essa manifestação, a mesma não escaparia dos olhares atentos e exóticos dos cronistas estrangeiros. Desta forma, as fontes confirmam a ausência deste evento religioso no século XIX, conforme explicita o *folder*.

A espetacularização da tradição apresentada pelas práticas turísticas e expressa nos *folders*, assim como na mídia em geral, narra a procissão de forma monumental e ritualística. Dotada de quarenta farricocos, ela locomove o centro histórico da cidade e é perseguida por repórteres carregados de luzes e câmeras. Pode-se, na verdade, assistir às imagens com mais nitidez pela televisão, já que o tumulto estabelecido com o evento impossibilita a visualização da encenação por parte do espectador que está *in loco*.

---

[21] Os viajantes europeus que passaram pela região são: o francês A. de Saint-Hilaire (1819), o austríaco, J. E. Pohl (1818-1820), o escocês, G. Gardner (1839), o francês Francis Castelnau (1844), o português Luiz D'Allincourt (1818), o inglês W. L. von Eschwege (1815) e Oscar Leal (1882).

Fig. 9: Folder "Cidade de Goiás - Patrimônio Cultural" - Viagem ao passado. Nesta imagem, a preocupação em retratar a procissão do fogaréu como uma tradição de Goiás. Exemplo da re-significação da história da festa religiosa, hoje tornada referência turística.

É significativo levar em conta que interesses políticos que envolviam a preservação de uma história local desempenharam papel de destaque na configuração de espaços considerados de importância patrimonial desde

1950, forjando imagens que alimentam o imaginário da cidade histórica. Foi neste período que alguns nomes e lugares começaram a sobressair na cidade. Museus, por exigência do SPHAN, foram criados ou até idealizados. Nesse processo constitui as imagens de "cidade histórica", estimulando novas práticas de trabalho, a produção de um artesanato específico e a visitação turística.

Os valores que permearam a noção de patrimônio da época estavam estreitamente ligados com os critérios do então SPHAN, que privilegiava o poder político, militar e religioso. O antigo Quartel do 20 e o Palácio Conde dos Arcos exemplificam isso na Cidade de Goiás, pois são expressões da autoridade administrativa. As igrejas católicas e o modo como prioritariamente foram tombadas a fim de serem preservadas, também traduzem esse momento, porque demonstram a importância atribuída à história da religiosidade no Brasil. O primeiro, (o Quartel) como representante da força pública e o segundo (o Palácio) como representante do poder político administrativo desde o período da colônia. As Igrejas, como representantes da dominação colonial e ao mesmo tempo da disciplina gerada pela conduta religiosa.

1.3. A CIDADE DE GOIÁS E OS GRUPOS POLÍTICOS LOCAIS: O PATRIMÔNIO DE INTERESSE

A dimensão artística, com destaque para a arte barroca, também esteve, desde o princípio, nos ideários priorizados pelo SPHAN. Grupos locais que desejavam a retomada da importância da Cidade de Goiás no contexto regional compartilham o interesse pela instituição de edificações e espaços políticos locais em patrimônio.

Como exemplo de representação desta tendência destaca-se Brasilete de Ramos Caiado, filha do último governador do Estado na Cidade de Goiás, ainda como capital. A moradora, pertencente ao grupo de elite local, realimenta valores políticos ao rememorar a imagem do antigo Palácio Conde dos Arcos, colocando o edifício como parte fundamental da história política local.

Brasilete de Ramos Caiado, sendo filha do último governante – anterior a 1930 - a habitar o antigo Palácio Conde dos Arcos, se apresentando como exemplo importante da apropriação de nomes com visibilidade pública, via nessa organização cartográfica patrimonial da cidade uma forma de atuação, articulada a uma memória hegemônica, da qual ela fez parte.

Representativa de uma "consciência oficial"[22], encontrou brechas para tornar o passado político familiar, algo presente. A cidade tornada patrimônio proporcionou para Brasilete um mecanismo de exercício político, garantindo sua presença nas discussões mais prementes em Goiás.

Fig. 10: *Folder destinado à exposição da cultura goiana em Maceió. Apresentação de Brasilete de Ramos Caiado, ilustrada pelo poema de Cora Coralina.*

---

22 "Consciência Oficial" é um termo aqui utilizado para apontar a atuação hegemônica de grupos ou nomes com visibilidade pública, responsáveis pela construção ou reforço desse caráter histórico/turístico/patrimonial da cidade de Goiás. Sobre isso, voltar à Introdução deste trabalho e à discussão realizada no capítulo 2.

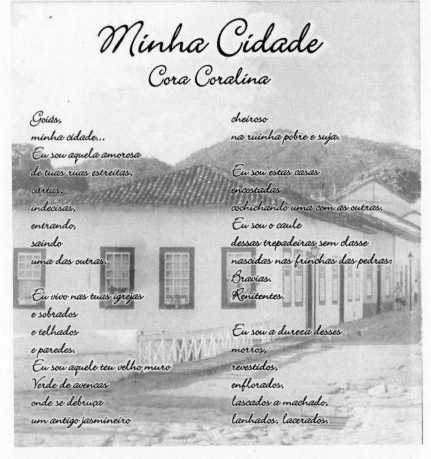

Fig. 11: No mesmo folder, o poema de Cora Coralina, e sua casa ao fundo.

Utilizando-se de sua capacidade narrativa envolvente, Brasilete de Ramos Caiado fez a apresentação de um *folder* destinado a uma exposição sobre "Goiás Velha" na cidade de Maceió, no estado de Alagoas. Nesta, ela faz ligações com o antigo poder político e as novas expressões culturais da cidade, inserindo-se na dinâmica do presente. Ela aponta nomes de artistas locais, que denomina "novos talentos, tanto nas artes plásticas, como nas cênicas e no artesanato"; além de elogiar o então secretário de cultura da cidade, quando diz:

> E como não comentar sobre o atual Secretário de Cultura, Turismo e Meio Ambiente, Marco Antônio Veiga de Almeida, descendente do maior artista plástico do Centro Oeste, Veiga Valle. Valor jovem, restaurador emérito de um painel de azulejos do Burle Max, de um painel de Frei Confaloni,

entre outros, organizador de grandes eventos, a par de retratar em tela, com muita originalidade, significativos temas da nossa tradição religiosa.

Comentando o nome de um descendente de Veiga Valle – artista já mencionado no *Folder* "Cidade de Goiás", Brasilete retratou a religiosidade local em suas obras - e exaltando a tradição religiosa barroca em Goiás, traz para a cidade a imagem de uma cidade de origem colonial que preserva suas raízes, remetendo-se à importância do "mito de origem" – ou, para melhor continuar explanando: "mito da necessidade"[23]. Essa tradição artística é um dos símbolos que compõem a imagem da cidade, mas outros símbolos compuseram a imagem do *folder* para a exposição de Maceió. No interior do material impresso, a fotografia do antigo Palácio Conde dos Arcos, marcou, nas entrelinhas, a importância do edifício, como representante da história política local, evidenciando a trajetória da antiga capital, de sede do governo do estado de Goiás. Notadamente significativo, já que a história política é amplamente abordada nas narrativas turísticas.

Os *folders* trazem um diálogo com o tempo, com valores, expressões e sentimentos de preservação e noções de patrimônio articulando presente-passado e possibilidades futuras. Valorizando práticas artesanais e pessoas com visibilidade pública que compõem uma história mais recente, tendências patrimoniais se expressam nesses *folders*. Em 2005, por exemplo, quando empossado o décimo presidente do IPHAN, o antropólogo Antônio Augusto Arantes, respondendo à entrevista feita pelo Ministério da Cultura, falou da necessidade de "reformar" as ações do IPHAN, explicando:

> Vamos agora, viajar um pouco na história; inicialmente, a idéia de nação foi construída pelo grupo intelectual que optou pelo barroco. A imagem do Brasil como nação deveria estar ligada ao colonial de época (...) Participaram (...) Mario de Andrade, Rodrigo de Mello Franco, Carlos Drumond de Andrade e, também Lúcio Costa e até Oscar Niemeyer (...)[24]

---

23 Aqui, trata-se do *folder* "Goiás Patrimônio Mundial", do Museu da Imagem e Som de Alagoas, para uma exposição sobre a cidade de Goiás, realizada de 01 a 08 de setembro de 2001. na Praça Dois Leões. Jaraguá/Maceió-AL, com trabalhos de artistas como Anderson Carlos de Alarcão; Auriovane D'Avila Júnior; Laura Vieira; Marly Mendanha; Paulo Bavani. Realização da Secretaria de Cultura, turismo e meio Ambiente da cidade de Goiás, do Governo de Goiás, Fundação Municipal de Ação Cultural – Maceió, Museu da Imagem e Som de Alagoas. Apoio Varig Brasil.

24 Ver site do Ministério da Cultura, e acessar file://A:\Décimo %Presidenee.htm Acesso em setembro de 2005 no site www.IPHAN.gov.com.br

Sem dúvida, admite Arantes, Mário de Andrade e outros intelectuais engajados à questão à época da elaboração das propostas do SPHAN, enxergaram "além da pedra e cal", mas não possuíam instrumentos necessários para chegar até os costumes cotidianos do povo brasileiro. Por isso, focaram suas ações no tombamento de cidades inteiras, dando ênfase ao "monumental", ao diferente. Entretanto, refletindo sobre os questionamentos levantados por Arantes, valorizar a figura de Goiandira do Couto, por exemplo (e, por extensão a Casa na qual reside), é uma forma de expressar as transformações às quais me refiro aqui.

Isso não implica em julgar as ações anteriores à década de 1980. Na verdade, como bem explica Arantes, a preservação do Barroco brasileiro foi extremamente importante para a nação brasileira. O que vem mudando é o movimento pelo qual a sociedade está passando. A década de 1970 foi época de "inúmeras revoluções culturais e comportamentais pelo mundo afora... que fizeram pensar um novo conceito de nação, muito mais plural. Entraram em cena os jovens, "os gays e lésbicas", assim como a " consciência ecológica" como disse Arantes, em sua entrevista. O Brasil não poderia ficar de fora dessas transformações. A questão ecológica passou a fazer parte das discussões sobre preservação e patrimônio, como veremos mais adiante, no capítulo três, nas reportagens da época, quando estas se referiram ao patrimônio na cidade de Goiás. No Brasil, com o término da Ditadura Militar, a noção de patrimônio se ampliou, tornando mais plural a visão antes monumentalizada da cultura nacional.

Durante o período da Ditadura Militar no Brasil, os valores nacionais patrimoniais suscitados em 1937 com o então SPHAN foram re-alimentados. Na busca de unidade e patriotismo o reconhecimento desses monumentos que representam a história da nação se tornaram, sem dúvida, apêndices de estratégias de construção da idéia de nação do momento, cujo intuito estava na homogeneização de padrões de conduta e de cidadania, como forma de controle político(SANDES, 2000)[25]. Entretanto, concomitantemente, havia outras correntes, outras tendências sem muito espaço. Com o término da Ditadura, estas, antes com menor espaço, começam a aparecer. Eram correntes de intelectuais que

---

[25] Nóe Freire Sandes discute a construção da idéia de Nação no Brasil. Entretanto, não aborda a questão patrimonial em específico. O autor, em suas reflexões apenas inspirou-me a algumas deduções na interpretação sobre o período da Ditadura Militar e seu papel na construção da identidade nacional.

expressavam tendências e necessidades do reconhecimento da democracia como exercício de cidadania, abrindo espaço para o processo de construção das idéias sobre patrimônio hoje em curso, como vimos nas últimas constituições aqui citadas.

Também a imprensa ocupa um papel fundamental na divulgação de conceitos que se cristalizam no imaginário popular. A imprensa de Goiás, juntamente com a nacional, ao abordar sobre os valores patrimoniais na Cidade de Goiás, constrói uma narrativa, realimentada de valores patrimoniais coloniais.

Em 1978, o Jornal O Popular, por exemplo, ao descrever o Chafariz, incorporou histórias sobre as águas em Goiás, respaldando-se em dados de mais de um século:

> Construído em 1824, portanto com 154 anos de existência, esse monumento histórico que representa uma das preciosidades de Goiás, e que era de atração de tantos turistas, se encontra de há muito, completamente abandonado, sem uma gota d'água, imundo, cheio de capim desde que se construíram a estrada ao lado, quando foi destruída criminosamente a sua canalização estando a água agora perdida pelo chão afora. Considero um crime esse abandono talvez desconhecido pelas autoridades responsáveis pela sua conservação. Não se compreende porque tanto descaso pelas coisas preciosas de Goiás, quando outras cidades do Estado recebem constantes benefícios por parte do Governo; Eis porque, em nome da população de Goiás faço veemente apelo aos poderes do Patrimônio Nacional, ao qual está entregue este monumento como os demais da cidade, a necessidade de imediata reconstrução[26].

O *Folder* do V FICA então, se confrontado ao artigo do Jornal O Popular, também repete o que se conta sobre os edifícios, pois não tem a preocupação em ampliar ou modificar a noção de patrimônio e sim fortificá-la. Expressa assim, edificações e nomes públicos, como o Chafariz e a escritora Cora Coralina, da qual abordaremos posteriormente.

I.4. CORA CORALINA COMO UM PATRIMÔNIO DA CIDADE

Além da concepção político/hegemônica, outras formas de representação da cidade aparecem nos *folders*. Um nome de profunda visibilidade pública, bastante utilizado na construção da imagem de cidade his-

---

[26] Jornal O Popular, 01/09/1978, "Ponto de Vista, por Jorge Carioca – Chafariz da Carioca". Arquivo O Popular, Pasta Cidade de Goiás, pesquisa de julho 2005.
Água em Goiás – O Chafariz e a decadência de monumentos, um protesto contra o descaso aos monumentos de Goiás.

tórica é o da escritora Cora Coralina. Raramente é possível pensar na Cidade de Goiás, sem relacioná-la à moradora, doceira e poetisa Cora Coralina. Conhecida no Brasil e considerada um expoente da literatura, foi definida pelo poeta Carlos Drummond de Andrade em uma matéria do *Jornal do Brasil* , em dezembro de 1980, da seguinte forma:

> Este nome não inventei, existe mesmo, é de uma mulher que vive em Goiás: Cora Coralina.
> Cora Coralina, tão gostoso pronunciar este nome, que começa aberto em rosa e depois desliza pelas entranhas do mar, surdinando música de sereias antigas e de dona Janaina moderna.
> Cora Coralina, para mim a pessoa mais importante de Goiás. Mais do que o Governador, as excelências parlamentares, os homens ricos e influentes do Estado. Entretanto uma velhinha sem posses, rica apenas de sua poesia, de sua invenção, e identificada com a vida como é, por exemplo, uma estrada (Apud. CORALINA, C. *Vintém de Cobre*. Goiânia: UFG, 1987, p. 21).

Ana Lins dos Guimarães Peixoto Bretas nasceu em 1889, ano da instauração da República no Brasil, em uma casa nas margens do Rio Vermelho, 'a casa velha da ponte', como a própria poetisa definiu em seus poemas. Em 1911 mudou-se para o Estado de São Paulo e retornou para a terra natal em 1956, onde permaneceu até sua morte em Abril de 1985. Adotou o pseudônimo de *Cora Coralina* e ficou conhecida também como *Aninha da Ponte da Lapa*.

Doceira de profissão e com instrução primária, publicou seu primeiro livro aos 75 anos de idade. Seus poemas se caracterizam pela espontaneidade com a qual traçava o povo, os costumes e os sentimentos de Goiás. Publicou: *Estórias da Casa Velha da Ponte, Poemas dos Becos de Goiás e Estórias Mais, Os Meninos Verdes, Meu Livro de Cordel, O Tesouro da Velha Casa, Becos de Goiás*; e *Vintém de cobre: meias confissões de Aninha*. Em 1983, foi eleita *Intelectual do Ano* e recebeu da União Brasileira de Escritores, o Troféu Juca Pato. Cora faleceu em Goiânia no dia 10 abril de 1985.

No que se refere à Cidade de Goiás, Cora registrou em seus escritos dados sobre urbanismo, descrevendo ruas, palácios, sobrados, pedras, becos, pontes e outros elementos importantes para refletir nesta pesquisa. Reportando ao passado, à sua infância, firmando-se no seu presente, sua narrativa traz elementos do seu "agora", ao seu presente daquele momento aos valores vigentes. Ao retornar definitivamente à Cidade de Goiás, em 1956, vasculhou sua memória em busca de suas referências primeiras e valorou suas lembranças, casando-as com as necessidades patrimoniais oficiais vigentes naquela época: "a força da terra e das raízes que me chamavam se sobrepôs a todos esses afetos familiares....fui ficando....o melhor lugar pra eu viver era a minha terra."[27]

A casa de Cora Coralina, após as primeiras ações do SPHAN em Goiás, passa a ser reconhecida como a 'Casa velha da ponte'. Situada à margem do Rio Vermelho, sua história constitui memórias que vão desde a prática de lavar roupas, às enchentes provocadas pelo garimpo, que é recorrente dos tempos do desbravamento e surgimento do *Arraial de Santana*, primeiro nome dado à Cidade no século XVIII.

A escritora exaltou o passado da Cidade, por isso foi utilizada na dinâmica da construção da imagem de cidade história. Reconhecida pelos valores que orientam a noção de patrimônio do IPHAN, sua vida e sua obra tornaram-se valorosas no processo de solidificação da Cidade de Goiás como patrimônio nacional, e, mais tarde, mundial[28].

A força do nome de Cora, construída desde a década de 1950, traz para a imagem da Cidade um reforço à idéia de tradição, já que a autora também reforça as práticas passadas em sua narrativa escrita. No interior do *folder*, seu poema intitulado *Minha Cidade*, marca a imagem da cidade histórica, ressaltando os becos e igrejas, dá força à cartografia das ruas estreitas, entrecruzadas, da cidade de origem colonial:

> Goiás
> Minha cidade....
> Eu sou aquela amorosa
> De tuas ruas estreitas,
> Curtas,
> Entrando,

---

[27] ESPECIAL LITERATURA CORA CORALINA N. 14 MIS 00297. Apresentado pela televisão Brasil Central, em 1985. PRODUÇÃO Maria Helena de Cicco, Direção Paulo Cerqueira Leite.

[28] De acordo com a pesquisa realizada por Delgado (2004), "O reconhecimento de Goiás como cidade histórica não pode ser apenas explicado pelo fato de ter sido a capital estadual por mais de duzentos anos e conservar na estrutura urbana as construções do século XVIII. A inserção de Goiás no mapa do patrimônio não se justifica simplesmente pelo desejo de preservar suas construções como vestígios do passado, cujos valores seriam supostamente intrínsecos aos objetos e pré-existentes a qualquer classificação. O órgão do Patrimônio Nacional não descobre o valor estético e histórico dos bens; pelo contrário, ele institui esses valores. A cidade de Goiás somente passou a ter visibilidade como lugar histórico quando foi inscrita na rede discursiva do patrimônio, à medida que o tecido da linguagem lhe foi atribuindo determinados conteúdos para torná-la símbolo da memória coletiva".

Saindo,
Umas das outras.

Eu vivo nas tuas igrejas
E sobrados
E telhados
E paredes.
Eu sou aquele teu velho muro
Verdes avencas
Onde se debruça
Um, antigo jasmineiro
Cheiroso
Na ruína pobre e suja.

Eu sou estas casas
Encostadas
Cochichando uma com as outras.
Eu sou o caule
Dessas trepadeiras sem classe
Nascidas nas frinchas das pedras:
Bravias,
Renitentes.

Eu sou a dureza desses
Morros,
Revestidos,
Enflorados,
Lascados a machado,
Lanhados, lacerados.

Na narrativa de Cora, o "mito de origem" ganha um ar de sedução, as casas construídas às meias paredes – que evidenciam as construções coloniais – ganham vida quando 'cochicham umas com as outras'. A simplicidade se torna charmosa e a imagem do passado vira presente, nas formas quase humanas do visual apresentado em texto escrito. Seu texto, único e valorado no processo de reconhecimento da cidade histórica, compõe o 'mito da necessidade'. À sua forma, a narrativa de Cora é uma das representações dessa consciência social que se constrói no processo de construção da cidade turística.

O Museu e *Casa de Cora Coralina*, criado como forma de exaltar e manter viva a memória sobre a escritora, foi adquirindo *status* turístico desde que foi edificado, após a morte da doceira e poetisa. Iniciativa de amigos e pessoas interessadas em guardar sua memória, o museu, nitidamente é a exaltação de uma 'Cora patrimônio' do circuito turístico.

Percebemos neste capítulo que os *folder*s são expressões de práticas sociais e articulam-se às práticas cotidianas turísticas dessa cidade histórica que precisa sobreviver como tal. Desse modo, os *folder*s se constituem numa articulação entre vivências do passado e sua re-eleboração no presente.

Por exemplo, se compararmos os *folder*s criados antes do FICA, que acontece desde 1999 na Cidade, e os que vieram após o evento e ao reconhecimento da cidade como Patrimônio Mundial, com certeza poderemos perceber a diferença. Nos primeiros, a apresentação, além de menos carregada de cores, é também preocupada em seduzir o visitante leitor da cidade, além de apresentar pouco sobre o cotidiano da cidade e não faz alusão à produção de artesanatos ou doces, muito menos a qualquer tipo de prática cultural local.

Se voltarmos ao *folder* "Cidade de Goiás", de 2000, continuamos nesse processo de representação do "mito de origem". Sobre as igrejas, por exemplo, uma pequena chamada escrita está acima das imagens sobre a religiosidade de Goiás, dizendo: "Testemunhos da Fé e rico acervo de Arte Barroca", configurando a importância atribuída ao Barroco na história patrimonial no Brasil.

Como se tratava de um *folder* criado antes mesmo do reconhecimento oficial da cidade como Patrimônio Histórico da Humanidade, a narrativa elaborada sob iniciativa da *Agência Goiana de Cultura Pedro Ludovico Teixeira* visou marcar a trajetória de tal conquista, evidenciando as ações políticas do governo goiano em prol deste reconhecimento. Assim, de algum modo, também o texto que se referiu às ações políticas do Governo de Goiás nesse processo nos reporta ao "mito de origem" porque justificam a necessidade do reconhecimento a partir de uma necessidade de preservação de valores culturais:

> A Agência Goiana de Cultura Pedro Ludovico Teixeira – AGEPEL, responsável pela política cultural do Estado de Goiás através de sua Diretoria de Patrimônio Histórico e Artístico vem desenvolvendo uma série de ações com o objetivo de preservar a memória e a cultura do povo goiano.
> Nessa direção uma iniciativa relevante é o esforço para que a Cidade de Goiás se torne Patrimônio da Humanidade. Por isso foi formada, em fevereiro de 1999, uma comissão executiva que realizou o Dossiê de Goiás. Trata-se de um conjunto de documentos que contém as informações solicitadas pela UNESCO para que a antiga capital do Estado se habilite ao título. Na verdade, um trabalho arrojado, que resulta da ação integrada da AGEPEL com segmentos da sociedade, entidades e órgãos públicos. (*Folder* Cidade de Goiás)

De diversas formas os *folder*s abordam o "mito da necessidade". Representando o reforço à origem da cidade e exaltando uma história política, mesmo que a mais atual. Nos *Folder*s destinados à comemoração do aniversário da cidade isso é bastante significativo. É o caso de *folder*s destinados à transferência simbólica da capital goiana durante o mês de julho.

No aniversário de 276 anos da cidade de Goiás, em 2003, foi lançado um *folder* cujo conteúdo se deteve em contar a historia da transferência da capital goiana da cidade de Goiás para Goiânia. Como todo ano, no mês de julho, época do aniversário da antiga capital, transfere-se, simbolicamente, a capital para a cidade de Goiás novamente, o *folder* foi destinado ao evento. Em seu texto escrito, consta a trajetória de idealização da mudança da capital da antiga Vila Boa para outro local. Sua narrativa é assim apresentada:

> E tudo começou assim...
> Em 1752, Dom Marcos de Noronha, o Conde dos Arcos, foi o autor da idéia de mudança da capital. Daí os legisladores da época tentaram por inúmeras vezes a transferência e não conseguiram. No ano de 1891, os Constituintes, políticos e lideranças lutaram para levar da cidade de Goiás a Sede do Governo. Várias campanhas foram lideradas com o objetivo de mudar o centro das decisões políticas para um outro local, afinal a 'Goiás Velha' não oferecia estrutura física e econômica para sediar a capital. Em 1932, o decreto de N. 2.737, de 20 de dezembro, nomeou uma comissão para definir o local para a construção da nova capital goiana, satisfazendo as exigências do urbanismo e visando o progresso do Estado. No dia 23 de março de 1937, o interventor Pedro Ludovico Teixeira assinou o decreto de n. 1.816, transferindo definitivamente a capital da cidade de Goiás para Goiânia, com todos os Órgãos, Instituições e funcionários.

É significativo o modo como à narrativa traça a necessidade de transferência da capital desde os primórdios da cidade, ainda com Conde dos Arcos. De fato, o *folder* foi calcado em fontes históricas já conhecidas, apresentando, porém, uma tendência a justificá-la, mostrando-a como positiva nos aspectos políticos e econômicos. O texto impresso no *folder* continua de forma a chegar ao evento da transferência simbólica:

TRANSFERÊNCIA DA CAPITAL
Cidade de Goiás - Patrimônio Mundial

ASSINATURA DA MUDANÇA DEFINITIVA DA CAPITAL DA CIDADE DE GOIÁS PARA GOIÂNIA - 1937

E TUDO COMEÇOU ASSIM...

Em 1751, Dom Marcos de Noronha, o Conde dos Arcos foi o primeiro autor da idéia da mudança da capital.

Daí os Legisladores da época tentaram por inúmeras vezes a transferência e não conseguiram.

No ano de 1891, os Constituintes, políticos e lideranças lutaram para levar da cidade de Goiás a Sede do Governo.

Várias campanhas foram lideradas com o objetivo de mudar o centro das decisões políticas para um outro local, afinal a "Goiás Velha" não oferecia estrutura física e econômica para sediar a capital.

Em 1932, o decreto de Nº 2.737, de 20 de dezembro, nomeou uma comissão para definir o local para a construção da nova e moderna capital goiana, satisfazendo as exigências do urbanismo e visando o progresso do Estado.

No dia 23 de março de 1937, o Interventor Pedro Ludovico Teixeira assinou o decreto de Nº 1.816, transferindo definitivamente a capital da cidade de Goiás para Goiânia, com todos os Orgãos, Instituições e funcionários.

E O TEMPO PASSOU...

A secular cidade resistiu.

Em julho de 1961, o então governador Mauro Borges Teixeira, transfere simbolicamente a capital para a cidade de Goiás por 15 dias, despachando com todo seu secretariado do Palácio Conde dos Arcos.

No mês de julho é comemorado no dia 25 o aniversário da cidade e no dia 26 acontece a festa de Nossa Senhora Sant'Ana, a padroeira do Estado de Goiás.

Bem-vindo à cidade de Goiás ex-capital do Estado

"O Berço da Cultura Goiana"

Fig. 12: *Aqui, o folder "Transferência da Capital", retrata a memória política da Cidade de Goiás e o modo como esta tem sido realimentada e re-significada na cidade. É significativo notar que o "mito de origem" é um componente fundamental nas re-significações desta cidade como patrimônio histórico e cultural.*

A secular cidade resistiu. Em julho de 1961, o então governador Mauro Borges Teixeira, transfere simbolicamente a capital para a cidade de Goiás por 15 dias, despachando com todo seu secretariado do Palácio Conde dos Arcos. No mês de julho é comemorado no dia 25 o aniversário da cidade e no dia 26 acontece a festa de Nossa Senhora Sant´Ana, a padroeira do Estado de Goiás.

Não é por um acaso que temos as afirmativas 'E o tempo passou....a secular cidade resistiu.' Resistiu a que? Na narrativa do *folder* do aniversário da antiga Vila Boa, configura-se a criação de um 'mito de origem', no qual a cidade antes degradada é retomada na sua importância histórica. Evidenciando uma história hegemônica e traçando o perfil da origem da história goiana, o *folder* aponta a cidade de Goiás como 'O Berço da Cultura Goiana'.

A 'migração' da imagem de 'cidade capital' para a 'cidade patrimonial' tornou-se, portanto, um processo intenso, variando entre 'dor e mágoa'; 'reconhecimento e preservação'. Este é um movimento de dialética do retorno à importância, marcando um momento no qual 'cidades históricas', patrimônio, história e turismo estão em voga.

Nesse sentido, os *folders* ilustram, ecoam e invocam lugares, pessoas e espaços eleitos como hegemônicos. Representam também, como bem ressaltou Chauí (2004), o 'mito da necessidade', calcados num 'mito da origem', no qual a cidade, antes capital, torna-se preservada em nome do passado e de sua história.

Portanto, ganha visibilidade pública através de seu potencial patrimonial, e, assim, tomada como turística, que se apropria da cultura como um recurso de mercado. Isso pode ser melhor debatido e compreendo à medida que este texto-tema vai fluindo nos dois capítulos subseqüentes, ilustrados por narrativas orais e artigos jornalísticos.

CAPÍTULO 2.
A CIDADE HISTÓRICO PATRIMONIAL VIVIDA E SIGNIFICADA POR SEUS MORADORES:

Este capítulo aborda as várias memórias e histórias sobre a cidade histórico- patrimonial construídas na antiga Vila Boa de Goiás desde 1997, as quais surgiram no primeiro diálogo que travei com moradores locais. Nele, destaco o modo como as experiências vividas na cidade são expressas, atentando para o modo como os moradores atribuem significados a essa antiga capital, hoje alvo do turismo, e vou à busca de suas vidas cotidianas e suas necessidades mais corriqueiras de sobrevivência no espaço urbano. Nesse processo, reflito, não sobre o passado, mas sobre a relação presente-passado, buscando compreender como nos múltiplos viveres, pensamentos e sentimentos de moradores cruzam e articulam experiências e memórias passadas e presentes, construindo sentidos com os quais conseguem conviver e organizar a sobrevivência.[29]

São muitas as memórias e histórias encontradas nas narrativas de moradores de Goiás. Olhares diferentes nos remetem a outras imagens que não somente as de um espaço patrimonial-turístico. Pessoas sem visibilidade pública, moradores de bairros menos abastados, cuja preocupação cotidiana está nas problemáticas vividas do dia-a-dia. Anseios e necessidades vêm à tona e com eles, outras formas de transitar em Goiás. As necessidades do viver cotidiano burlam e vão muito além do traçado da cidade turística: nos caminhos percorridos rumo ao trabalho, à escola, ao lazer ou às compras. São histórias e memórias que se constroem e se entrelaçam no âmbito da vida cotidiana forjando outras múltiplas me-

---

[29] Sobre esta relação presente-passado e sobre o modo como os moradores se apropriam de uma memória construída hegemonicamente e a refazem, ver as discussões do Grupo Memória Popular na Obra "Muitas Memórias, Outras Histórias", 2004, já citada nas referências bibliográficas deste trabalho.

mórias, apropriando-se de ou resistindo a dimensões da memória construída hegemonicamente. Como elementos constituintes dos viveres na cidade-turística, criam outros circuitos e imagens na e da cidade, segundo os modos como a vivem e se apropriam dela. Na dinâmica de construção de múltiplas imagens sobre a cidade é difícil, senão impossível, caracterizar de uma só forma o espaço urbano; nele existem "múltiplas cidades", ocultadas pela imagem hegemônica da cidade histórica; essa cidade aberta ao turismo, abundantemente alimentada pelos *folders* e eventos locais, privilegiando determinados locais e monumentos.

Em diálogo com os moradores da cidade encontrei diferenças nos modos de viver e de se apropriar dessa cidade marcada por uma memória forjada à sombra da história política local – na qual grupos familiares reconhecidos publicamente se articulam a uma tendência de preservação que norteou as ações do SPHAN em Goiás, em 1950. Entretanto, no dia-a-dia dessa cidade, marcada por essa memória hegemônica que privilegia Paços Municipais, Casas de Câmara e Cadeia e Igrejas hoje tombados, esses moradores criam outros usos, outros traçados e outros significados em seu viver cotidiano.

Moradores da cidade, engendrados em e engendrando outras histórias e memórias na cidade, enquanto convivem, também "burlam" a organização e a cartografia instituídas como histórico-patrimoniais, disputando espaços, buscando inscrever-se ou questionando a ordem vigente, na construção da sobrevivência. Algumas "tradições" (WILLIAMS, 1977)[30] como os festejos religiosos da Semana Santa, são um exemplos nesse sentido. Desde que esses festejos foram incorporados às práticas turísticas, algumas tensões compõem o cotidiano na cidade entre aqueles que buscam o tradicional recolhimento desta festa religiosa e o espetáculo televisivo no qual se transformou.

Ainda que transformada em espetáculo e motivo de afluxo de turistas à cidade, moradores assistem à procissão. Dona Dita, doceira, assiste à procissão da porta de sua casa. Dona Maria, esposa de José do Urubu – figura representativa da memória do bairro conhecido como "Chupa Osso" também diz que "não perco nenhuma, graças a Deus". Eva Carneiro dos Santos, artesã local, igualmente participa da procissão do fogaréu e dos demais eventos religiosos da Semana Santa em Goiás, e me explica: "vou em tudo, só não vou se não tiver tempo". Assistem ao

---

[30] Entendendo que "tradição" não é o resgate nem a permanência de práticas do passado, mas um processo dinâmico, no qual a vivência destas no presente está carregada de sentidos, de importância para determinados grupos ou pessoas. A tradição é seletiva.

ou participam do evento transformado em espetáculo, re-alimentando e "re-significando" essa tradição religiosa, vivida por alguns como devoção e por outros como acontecimento, ou, movimento. (WILLIAMS, 1977) Alguns deles fazem da ocasião uma oportunidade de trabalho.

Por outro lado, em diálogo com alguns moradores da cidade, cujos territórios se constituem de maneira deslocada do chamado centro histórico da cidade, vejo uma distância em relação à cidade turística, ainda que muitos se apropriem da memória hegemônica. Esses moradores, carregados de experiências outras, de necessidades diversas, movimentam-se ao mapa turístico, ou para além dele, forjando outros circuitos segundo suas necessidades e atribuindo outros sentidos.

Esses outros circuitos, como expressões de viveres cotidianos re-significam o mapa turístico sugerido pelos *folders*, ou mesmo o extrapolam, criando ou se apropriando de outras referências culturais. Apropriam-se ao seu modo desta cidade marcada pelos valores, interesses e perspectivas de grupos que lograram construir uma memória hegemônica que é constantemente realimentada. De diferentes maneiras, desde a transferência da capital para Goiânia, esses grupos cujo poder lhes foi retirado com a mudança da capital, vêm se delineando numa memória oficial desta cidade. Esta memória, repassada aos que visitam a antiga capital é, de fato, difundida e realimentada como memória oficial.

Para além disso, brechas criadas cotidianamente por moradores locais, ainda que ocultadas ou silenciadas, continuam a se fazer e também a integrar dimensões da memória da cidade. Interessou-se conhecer um pouco mais essas dimensões realimentadas por outros moradores em práticas diárias, em meio a condicionamentos vividos como pressões e limites. Nesse sentido, vejo o processo social de construção da memória da Cidade de Goiás, não como definido e homogêneo, mas impregnado de sentidos que se entrecruzam, se misturam e tencionam.

2.1. AS TRAJETÓRIAS EM PROCESSO: AS RE-SIGNIFICAÇÕES DAS TRADIÇÕES.

Na trajetória pedestre dos moradores, os locais turísticos também são referências geográficas, mostrando a íntima relação do morador comum com esta cidade, às vezes percebida por nós, leitores de fora, como eminentemente patrimonial no âmbito de uma memória hegemônica – aquela que se percebe nas falas dos guias de museus, nos *folders* turísticos, e muitas vezes na fala de alguns moradores.

A exemplo das brechas às quais me referi, alguns moradores se inscrevem no mapa histórico patrimonial da cidade, anunciando práticas nas quais a vida diária na cidade se entretece à necessidade de construção de novas formas de sobrevivência. Moradores vão criando novos modos de trabalhar re-significando tradições locais. Sobre isso, é significativo narrar a iniciativa de uma moradora negra, 24 anos. Inspirada pela história de uma personagem folclórica da cidade, criou uma *grife*, abriu um estabelecimento comercial no centro histórico e, em parceria com artesãos da cidade, retomou uma tradição, tornando- a parte do patrimônio atual da cidade. A moradora não nasceu na Cidade de Goiás, tendo se mudado para lá em 2000. Formada no curso de Letras, deu aulas no curso de Letras na Escola Letras de Alfenin em Goiás, onde estudou "contos da oralidade e personagens populares da história de Goiás". Nesse processo, estudou, dentre outros, a personagem "Maria Grampinho", sobretudo porque estava vinculada à literatura - já que Cora Coralina já havia escrito um poema homenageando a figura folclórica em "Coisas de Goiás: Maria". Sendo assim, Maria Grampinho é uma personagem do passado, registrada na memória por meio do poema de Cora Coralina, e com o qual Elenízia se inscreve, colocando-a como recurso de mercado. Trata-se de pessoas retomando tradições por causa do turismo.

A moradora enfatizou seu encanto com a personagem, que também era negra. Pensando nas roupas de Maria Grampinho, que eram de Chita, e na imagem de uma negra como parte da cultura popular, a moradora, com o apoio do Sebrae[31], começou a desenvolver a idéia de retomada de um causo popular e criou uma marca. Abriu uma loja há dois anos. Aproveitando-se do valor já atribuído por Cora em poesia, retomou a história de Maria Grampinho. Bonecas, bonecas "puxa-sacos", roupas carregadas de botões (característica da personagem) entre outros artigos foram idealizados e desde então têm sido produzidos e aperfeiçoados constantemente.

Em diálogo com a nova empresária, Elenízia, o mais significativo é perceber o modo como há uma retomada de um velho conto popular, contado nas ruas, realimentado por Cora Coralina em poesia, na década de 1970. Quando o retoma, a empresária o re- significa, traz à cena do presente, uma história tradicionalmente contada entre as pessoas da cidade. Marta, a artesã responsável pela fabricação dos artigos de Maria

---

[31] SEBRAE – Serviço Brasileiro de Apoio à Micro e Pequenas Empresas. Trata-se de uma entidade privada que é financiada e administrada pelo empresariado nacional, cujo intuito é estimular a criação e apoiar micro e pequenas empresas brasileiras.

Grampinho, cria bonecas e as incrementa, tornando-a uma personagem tradicional e ao mesmo tempo muito viva para o patrimônio da Cidade.

Elenízia, em seu negócio se inscreve na cidade patrimônio retomando a personagem tratada por Cora Coralina. Se Cora foi reconhecida como significativa pelas políticas do IPHAN vividas na cidade nos anos 1970, Elenízia re-significa uma de suas personagens no artesanato que desenvolve e comercializa em Goiás Velho.

Maria Grampinho era uma deficiente mental, negra e moradora de rua. Retomando a história da personagem e tornando-a motivo de inspiração da tradição local, Elenízia realimenta e re-significa dimensões dessa memória incorporando essa personagem popular e adequando-as aos gostos e expectativas dos visitantes:

> Minha mãe que fazia minhas roupas (....) Aí eu pensei... eu detesto chegar em loja e a pessoa me dizer: isso aqui ta todo mundo usando.....aí eu pensei no público que eu queria (...) pensei nesse perfil de cliente que já veio a Goiás e quer comprar uma coisa diferente....Eu já teria um marketing construído há mais de vinte anos com Cora Coralina (...) Na loja você não teria só o produto, mas informações(...)"
>
> Olhando pro poema da Cora eu construí o desenho junto com a Marta (...) aí depois a gente foi aperfeiçoando e percebendo o que as pessoas gostavam e acrescentando (...)[32]

Após algumas tentativas com outras artesãs locais, Elenízia pediu à Marta que produzisse a boneca. Marta não fazia boneca negra, mas começou a se especializar na figura de Maria Grampinho. Ainda que outras artesãs já a produzissem, Elenízia criou uma mediação com Marta, que até então nem conhecia a história da moradora de rua. Elenízia conheceu dimensões da memória registrada por Cora Coralina e investiu nisso, se tornando a dona de uma marca e incorporando Marta, a artesã, nesse tipo de trabalho.

Maria Grampinho possuía problemas mentais e foi uma andarilha que chegou a Goiás e ali passou a viver. Caminhava pelas ruas pegando tudo o que achava. Com o cabelo cheio de grampos, seu vestido de chita e sua trouxa onde guardava tudo, a andarilha foi se tornando uma personagem das ruas. Ela é assim retratada pela poetisa Cora Coralina:

Coisa de Goiás: Maria
(...) Maria das muitas que rolam
Pelo mundo
Maria pobre não tem casa nem morada

---

[32] Elenízia da Mata de Jseus. Empresária, 24 anos, moradora da Cidade de Goiás. Entrevista realizada por Cristina Helou. Cidade de Goiás, fevereiro de 2007.

> Vive como quer
> Tem seu mundo e suas vaidades
> Sua trouxa, seus botões, seus haveres
> Trouxa de pano na cabeça
> Pedaços, sobras, retalhada
> Centena de botões desusados
> Coloridos, madrepérola, louça, vidros,
> Plásticos, variados
> Pregados em tiras pendentes
> Enfeitando o mostruário
> Tem mais uns caídos, bambinelas
> Enfeites, argolas, coisas dela
> Seus figurinos, figurações arte decorativa
> Criações inventos de Maria
> Maria Grampinho, diz a gente da cidade. (...)
> (CORALINA, 2003)

Cora, moradora da cidade, escreveu sobre a história das Igrejas, da Casa da Ponte e dos becos de Goiás, entretecendo, à memória patrimonial da antiga Capital. Neste poema, aludindo à Maria Grampinho, trouxe-a em homenagem, à gama de elementos que compunham o acervo patrimonial da Cidade de Goiás. Duas moradoras locais, de formas diferentes, inscritas na história local. Deste modo, a valorização da Casa de Cora Coralina, por exemplo, é o residual do qual já falou Raymond Williams, aquilo que permaneceu na memória e foi re-significado conforme os valores patrimoniais e Maria Grampinho é o emergente, é a das expressões sobre o modo como a população vive a cidade patrimônio, ampliando a vivência desse patrimônio. Isto se expressa não somente nas artesãs, como nas doceiras. Elenízia também amplia sua vivência no patrimônio, expressando sua luta de valorização do negro por meio de Maria Grampinho, mostrando valores e sentimentos que ela quer projetar, articulando esses seus valores e perspectivas de vida a um recurso de mercado.

Falar das trajetórias dos moradores é narrar para além do que as referências geográficas podem nos anunciar. A empresária é um exemplo de moradora que se inscreve nas práticas turísticas da cidade, apropriando-se da tradição e re-significando-a no movimento da cidade no presente. Ela se apropria da personagem destacada pela poesia de Cora Coralina, vendo aí um filão da tradição, retomando-a e alimentando-a como memória popular, traduzindo a figura folclórica de Maria Grampinho para o espaço do "nós". Evidencia assim, uma das maneiras como as brechas são, na verdade, formas de atribuir diferentes sentidos ao passado. Ao mesmo tempo,

Elenízia se apropriou da imagem patrimonial de Cora Coralina, entrecruzando-se à memória construída hegemonicamente e transformando-a em uma brecha para valoração de uma personagem popular.

Neste processo, é significativo notar que o apoio do Sebrae como um órgão destinado a capacitar pessoas para o mundo dos negócios foi importante. Em outubro de 2006, a iniciativa de criação da grife, bem como a produção das bonecas Maria Grampinho foram motivo de uma reportagem passada na Rede Globo de televisão, no programa "Pequenas Empresas, Grandes Negócios."

Não é por acaso que empresária e artesã se reúnem para construir a imagem de Maria Grampinho. Preocupadas com as informações que a personagem deveria passar, ambas retomam as linhas de uma tradição convencionalmente articulada à cidade histórica, formulando a Maria Grampinho negra, andarinlha, maltrapilha, acrescentando-lhe ornamentos para além das "quinquilharias" que ela habitualmente carregava consigo, como por exemplo, o colarzinho no pescoço. Mantêm, porém, a roupa de Chita, os grampos na cabeça e a trouxa de roupas que carregava. Elinízia narra um pouco sobre essa trajetória e modo como foi pensado conjuntamente com a artesã, que confecciona as bonecas:

> A Marta é negra....eu dou prioridade pras pessoas que trabalham comigo, que tenham essa característica afro bem evidente (...) ela não fazia bonecas negras, ela já fazia boneca há muito tempo (...) foi depois de um estudo, de percepção de beleza....dessas coisas todas, que ela começou a fazer (...) a loja já existia mas até aí eu tinha muita dificuldade em fazer isso, e a Marta foi uma benção.[33]

Essa iniciativa, retomando a imagem de Maria Grampinho, traz à cena turística do presente uma dinâmica diferente da construção de uma imagem de cidade histórica, incorporando aos valores arquitetônicos e culturais de tradição colonial e imperial, um artesanato produzido hoje que se inscreve e tira proveito da vida turística da cidade. É o que nos narra Elenízia:

> O turismo é sazonal, e isso vai de quem mexe com a pousada a quem vende salgadinho na rua (....) época de eventos, festas, feriados, a cidade tem mais movimento, fica com mais cara de cidade turística, porque no geral ela fica parecendo muito mais um cenário, com poucas pessoas (....) tem

---

[33] Vale explicar que a boneca "Maria Grampinho" já era confeccionada e vendida em algumas lojas da cidade. Entretanto, sua imagem ainda era inexpressiva, e esta era vendida em meio a tantos outros tipos de artesanato. Tornada Grife, Maria Grampinho é atualmente, um artesanato típico da cidade.

vezes que você conta os turistas que vêm aqui (...) e quando tem um evento incha! (...) mas a demanda turística ainda está em desenvolvimento.

Maria Grampinho foi moradora da cidade. Elenízia é moradora e Marta também. Cora, a escritora do poema que faz homenagem à personagem, foi moradora. São vários moradores, cada qual no seu tempo e na sua diversidade, alimentando a cidade patrimônio e alimentando-se dela de formas variadas. Maria Grampinho, como uma moradora constituinte da "história dos excluídos", retomada por Elenizia, moradora recente, vinda de uma cidade pequena, circunvizinha, negra e jovem, atuando fortemente numa concepção de turismo que gera renda; Marta, a artesã que põe em prática, através da arte, a idéia da "grife folclórica"; e Cora Coralina, já reconhecida pelas políticas de patrimônio desde 1978, inspirando no presente, novas práticas e trabalhos da cidade.

Momentos e viveres que se entrelaçam alimentando memórias na e da cidade histórica.

Nesse traçado e vivências marcados pelo turismo, outros caminhos e práticas são criados pelos moradores da cidade patrimônio. A trajetória dos pedestres na cidade "fala", transgride e reformula valores, modos de viver e trabalhar. Diferentes moradores vivem e atribuem novos sentidos e significados aos marcos eleitos como históricos. (CERTEAU, 2003).

Fazer artesanato na Cidade de Goiás é uma oportunidade aproveitada por Marta, a artesã que faz parceria com Elenízia. Em suas mãos "Maria Grampinho", transforma-se em "puxa-sacos", porta condimentos, pesos para segurar portas, entre outros.

Vinda de Brasília há seis anos, ela narra seu vínculo com a Cidade de Goiás e sua trajetória na produção das bonecas.

> Vim de Brasília há seis anos. Meus avós e minha mãe são daqui, mas eu vinha pra cá no carnaval e na Semana Santa porque Brasília era muito perigoso....e eu ia embora chorando (...)

Faz bonecas há bem pouco tempo e não possui nenhuma formação nessa área. Sua única instrução foi uma revista que ensinava a fazer bonecas e trabalhar com artesanato.

Faço tudo da boneca... mas se eu tiver que tirar um molde.....ninguém entende, porque eu não tenho uma coisa precisa... eu corto o tecido e na máquina mesmo vou montando (...)

Foi somente em uma feira organizada em Goiás pela coordenadora de Artesãos, – Maria Alexandrina, que possui uma loja de artesanatos ao lado da grife Maria Grampinho – que Marta, há dois anos atrás, conheceu Elenízia e entrou em contato com membros do Sebrae. Inicialmente, fazia bonecas brancas, como "dorminhocas", com cabelos claros. Entretanto, em parceria com a recém criada loja "Maria Grampinho criações" Marta começou uma outra trajetória como artesã, como narra ela própria:

> Maria Alexandrina coordenava uma exposição, uma feira de artesanato....foi onde conheci Elenízia (...) o pessoal do Sebrae me deu um toque porque eu fiz o cabelo da Maria Grampinho marrom, que eu só tinha lã marrom....(...) aí comecei os Kits condimento e tudo relacionado à Maria Grampinho. (...)
> A venda da boneca é independente de feriado (...) Só no FICA que vendo mais... acaba o estoque daqui e da loja! (...)
> Mas ainda não tem retorno financeiro pra mim![34]

Como outros moradores com os quais dialoguei em fevereiro de 2007, Marta apontou o FICA como um evento de grande movimento turístico que dinamiza a Cidade de Goiás. Fica claro, porém, que para a artesã, o movimento de vendas independe dos finais de semana de feriado ou de eventos como o FICA.

Retomar essa personagem significa fonte de trabalho para algumas artesãs da cidade. Isto implica em dizer que outras pessoas produzem a boneca Maria Grampinho, ainda que não sejam vinculadas à marca criada por Elenízia, configurando uma gama de concorrentes e impelindo a empresária e a artesã Marta a se preocuparem ainda mais com a qualidade da produção e com a originalidade da idéia. Quando foi convidada a fazer parceria com Elenízia, Marta foi à procura da história de Maria Grampinho, que ela nem mesmo conhecia:

> Não conhecia a história dela... vim conhecer depois que a Elenízia me procurou pra parceria e com o Sebrae, que a gente sentou e conversou (...) Qualquer grampo que ela achava na rua, ela lavava bem, com bucha e sabão e enfiava na cabeleira! (...)
> Ela se tornou amiga de Cora... amiga assim..............
> (...) Mas eu nunca fiz curso nenhum... até o Sebrae ta me cobrando um curso... assim pra bordar o vestido....a carinha da boneca, ao invés de fazer a pintura (...) tem uma máquina que borda e é em São Paulo e lá eles ensinam.

As pessoas vão, assim, vivendo a cidade patrimônio. Escolhem as brechas para o trabalho e vão ampliando as características da cidade

---

[34] Marta de Carvalho Costa, artesã, moradora do bairro Alto de Santana. Entrevista realizada por Cristina Helou. Cidade de Goiás, fevereiro 2007

patrimônio. Com isso, essa cidade vai se transformando e, patrimônio e mercado turístico se tornam mais articulados. A visão que passam a ter da própria cidade também se transforma. O modo como os moradores se vêm e se sentem com relação a esta cidade se transformou significativamente de 1997 para 2007, marcando essa articulação. Doceiras e artesãs vêem no baixo custo de vida e na tranqüilidade cotidiana referências para qualidade de vida, enquanto que em fins da década de 1990, alguns moradores da cidade se referiam à cidade com sentimento de pertença, mas com uma memória marcada pela mágoa da transferência da capital da Cidade de Goiás para Goiânia. Em contrapartida, Maria Lúcia, diarista na cidade, acha que a cidade encareceu, voltando seus preços para o turista. Isto denota a diversidade de expectativas e viveres nesta cidade. Entretanto, tão significativo quanto apontar o modo como estes moradores surpreenderam-me na última pesquisa, é entender que no processo desta investigação, ao longo desses dez anos, meu olhar sobre a cidade também foi se reformulando, trazendo-me outras leituras sobre ela e seus moradores e me ajudando a perceber tais transformações antes não vistas por mim.

O Sebrae com sua política de apoio a pequenas empresas é um parceiro significativo no desenvolvimento do artesanato em torno da figura de Maria Grampinho, estimulando a artesã a se profissionalizar mais e incorporar novos procedimentos e detalhes na feitura da boneca, no sentido de adequar mais essa produção às expectativas do mercado. Uma figura popular incorporada à tradição da cidade vem se constituindo num modo de realimentar essas novas perspectivas à memória patrimonial da Cidade de Goiás. Esta e outros artesãos vêem abrindo caminhos para inovações por meio das quais se inscrevem na história patrimonial da sua cidade patrimônio cultural, ao tempo em que realimentam e re- significam dimensões de sua memória.

Os moradores vão vivendo a cidade patrimônio e aos poucos vão transformando seus modos de vê-la e vivê-la. Em fevereiro de 2007, as narrativas se apresentaram positivas com relação ao viver na cidade histórica. Custos de vida mais baixos....vida tranqüila....e, apesar da baixa do turismo, como me narraram alguns trabalhadores de lojas do centro histórico e artesãos, Goiás apareceu na fala dos narradores, como uma cidade com qualidade de vida.

Em diálogo com Elza, também artesã, o movimento provocado pelo turismo se apresenta como uma das formas de sobrevivência na cidade histórica. Narrando sobre seu trabalho e o modo como o fazer bonecas se tornou uma maneira de criar uma outra brecha para ganhar dinheiro, Elza se coloca como uma moradora que se inscreve nessa dinâmica da cidade histórica, desdobrando dimensões de sua memória. Quando faz alusão ao turismo, a moradora vê aspectos positivos e apresenta uma trajetória que é diferenciada daquelas que outros moradores me apresentaram até 2005, em Goiás. Aposentada, viu na produção de bonecas uma possibilidade de trabalho:

> O turismo é muito bom e ajuda a gente também......caiu um pouco....
> (...) mas eu aposentei... tem três anos que eu faço boneca, mas agora eu tenho uma clientela boa(...)
> Na Semana Santa e Carnaval...... No FICA é bom!!!! Os turistas procuram em casa!
> Então é bom! O pessoal encomenda.
> (...) Não faço tão bem quanto a Marta, mas graças a Deus tem saída! Eu não fiz curso... mas quero ir em Goiânia fazer![35]

Esse tipo de trabalho e a gratificação que tem tido nele a estimula a buscar técnicas de aperfeiçoamento. Na narrativa da artesã, o viver de artesanato na cidade historio-turística-patrimonial é uma boa opção de trabalho. O movimento, apesar de menor, lhe parece satisfatório. O desenvolvimento das práticas artesanais para o mercado se faz ao tempo em que se fazem transformações na cidade. Nos últimos dois anos, restaurações foram feitas na cidade. A Praça do Coreto, O Museu das Bandeiras e o Antigo Palácio Conde dos Arcos foram restaurados. A fiação da cidade foi disposta de forma interna, garantindo sua característica original. Estes são elementos que alteram visualmente a cidade e tendem a criar uma imagem de cidade histórica, influenciando também a visão do morador com relação ao espaço em que vive. Outros incentivos são bastante evidentes: como o exemplo do apoio do Sebrae à idéia da "Maria Grampinho criações".

---

[35] Ela também é produtora de bonecas, dentre elas, a Maria Grampinho. Algumas outras artesãs na cidade fazem a boneca, às vezes em forma de chaveiro, imãs de geladeira, pesos para segurar portas, etc, mas são produtoras desvinculadas da grife Maria Grampinho. Isso significa dizer que mesmo antes da criação da marca, outras profissionais produziam a Maria Grampinho, mas é preciso ressaltar que o "boom" das bonecas nas lojas, bem como a imagem conquistada nos últimos dois anos se deve ao trabalho efetuado em torno da memória de Maria Grampinho, via loja específica. Elza de Paula Souza, 50 anos, Moradora do bairro Alto de Santana, na cidade de Goiás. Artesã produtora de bonecas. Por Cristina Helou, Cidade de Goiás, fevereiro de 2007.

Conforme a coordenadora de fiscalização de Obras do Projeto Monumenta, Élia Maria Gomes Machado, o próximo passo do projeto é o reflorestamento do "Beira Rio Vermelho", atualmente, já 80% despoluído. A obra para limpeza do Rio, iniciada em 1999, começou a vigorar em 2003, trazendo mais este benefício à cidade, via Projeto Monumenta. Nesse projeto estão incluídas também, a restauração dos já citados: Praça do Coreto, Museu das Bandeiras e Museu Conde dos Arcos. Para as residências tombadas, esclareceu que quarenta e nove casas entraram no projeto de restauração. Somente uma já está terminada. Esta é uma iniciativa que deve ser assumida pelo dono da residência, que tem a seu favor o financiamento da Caixa Econômica Federal, a juros irrisórios, podendo ser pago em até vinte anos. Nesta restauração residencial, engloba-se: parte estrutural, fachada, interior, elétrica e hidráulica[36].

Percebe-se a ação pública em Goiás através de verbas governamentais destinadas à revitalização e preservação dos espaços considerados patrimoniais na cidade, garantindo a transformação do visual da cidade. Isto implica em re-paginar a imagem da cidade histórica e alimentar o "ar" patrimonial reforçado pelo reconhecimento da cidade como Patrimônio Histórico e Cultural da Humanidade, em 2001.

Em diálogo com alguns outros moradores, como vendedores de lojas e professores, a imagem de cidade histórica é importante para eles. Nas entrevistas que realizei de fevereiro de 2007, eles falam sobre o quanto é bom viver na cidade e sobre o modo como a sobrevivência parece mais fácil, devido ao baixo custo de vida. Em relação a essa questão, observo transformações nas narrativas entre 2003, 2005 e 2007. Naquele momento, alguns moradores viam problemas estruturais na cidade, muito mais do que nas narrativas mais recentes. O turismo, nas narrativas de fevereiro de 2007, apareceu de forma mais positiva, ainda que, em grande parte das falas, o movimento pareça ter diminuído nos dois últimos anos. Em 2003 e 2005, dialoguei com pessoas residentes de bairros menos abastados da cidade e, em 2007, procurei por doceiras, artesãs, trabalhadores do centro histórico da cidade. Tratam-se de grupos sociais diferentes, em momentos diferentes, indicando formas diversas de ver o custo de vida local e mostrando as diferenças vividas na cidade patrimônio.

---

[36] Élia Maria Gomes Machado, (conhecida na cidade como Dona Dita) Coordenadora de fiscalização do Projeto Monumenta. Entrevista Realizada por Cristina Helou, Cidade de Goiás, Fevereiro de 2007.

Lúcia Benedita Pereira dos Santos, mais conhecida como Dona Dita, é doceira na Cidade de Goiás. Aprendeu a fazer doces com Cora Coralina e após a morte da poetisa continuou a trabalhar neste ofício. Sua narrativa para esta discussão também é importante, marcando o modo como ela, uma doceira: vê, vive e sobrevive na Cidade de Goiás. Para Dona Dita, a vida na cidade é muito tranqüila...

> (...) a vida é melhor do que Goiânia, porque aqui com pouco dinheiro você vive bem! Tem dia que é parado, no outro dia melhora! Eu vendo só aqui!
> (...) tem uns trinta anos... aprendi com Cora, aí ela morreu e eu continuei... ninguém vai embora sem levar uns docinhos (...)
> Falar do trabalho é bom demais![37]

Fig.13: *Foto de Dona Dita em Fevereiro de 2007. Fotografia de Cristina Helou. Residência da doceira na Cidade de Goiás. A moradora se posicionou orgulhosamente ao lado de sua produção de doces expostas para a venda.*

Ora, como a cidade tem recebido verbas governamentais estaduais e federais de forma mais evidente desde o recebimento do Título de Patrimônio Histórico e Cultural da Humanidade, a dinâmica local está mais voltada para práticas turísticas e os incentivos à esfera da cultura mais

---

[37] Lúcia Bendita Pereira dos Santos, doceira, residente próximo à Igreja Boa Morte. Entrevista realizada por Cristina Helou. Cidade de Goiás, fevereiro de 2007.

valorizados. Neste processo, alguns moradores aproveitam oportunidades e criam outras, como é o caso de empresários, artesãos e doceiras.

Outros simplesmente vivem e significam a cidade, convivendo com as atividades referentes ao centro da cidade histórica, onde se encontram, como, por exemplo, a ida a escolas, Igrejas, supermercados e demais estabelecimentos comerciais. Neste sentido, algumas narrativas parecem importantes para esta reflexão:

Silvani, moradora de Goiás desde 2005 é vendedora de uma casa de artesanatos e diz que a vinda de turistas é "muito legal, na Semana Santa, Carnaval e no FICA"[38]. Sione, nascida em Goiás, diz que esse movimento turístico hoje presente na cidade existe "desde que se entende por gente" e fala que o turismo "é muito bom principalmente para o comércio" e que é "muito bom conhecer turistas e aprender com eles também. Eles vêm mais no carnaval, Semana Santa e no FICA. Para ela, viver em Goiás é "muito bom! Goiás é uma cidade muito tranqüila e transmite muita paz para a gente."[39] Quézia é recepcionista em uma loja de artesanato e falou um pouco sobre o viver na cidade, dando ênfase: "Viver aqui é bom demais! O custo de vida é bom, a maioria das coisas são perto e a cidade é bem tranqüila".[40]

Já Simone, outra moradora local, é professora da Escola Estadual Dom Abel, lecionando na quarta série. É também coordenadora pedagógica das creches municipais e diz:

> sempre me lembro de turistas em Goiás…..mesmo antes de se tornar patrimônio da Humanidade….e acho a cidade comum como qualquer outra cidade do interior….acho que falta consciência de todos para o bem comum, com isso muita coisa pública fica emperrada e tumultuada. A vida cotidiana fluiria melhor se o Governo e a comunidade se empenhassem mais para o bem estar geral como saúde, meio ambiente, progresso, trabalho, etc…(…)

---

[38] Silvani Ferreira Pontes, nascida em 1988, moradora do Beco Cachoeira Grande, na Cidade de Goiás. Entrevista realizada por Cristina Helou. Cidade de Goiás, fevereiro de 2007.

[39] Sione Pires dos Santos, nascida em Goiás, em 1969. Moradora da Rua Moreira, n. 62. Trabalha na prefeitura, em uma creche municipal como monitora. Entrevista realizada por Cristina Helou. Cidade de Goiás, fevereiro de 2007.

[40] Quézia Barbosa de Godoy, nasceu em 1990, em Goiás. Mora na Rua Morett Foggia, n. 14. Recepcionista de uma loja de artesanato. Entrevista realizada por Cristina Helou. Cidade de Goiás, fevereiro de 2007.

> Gosto muito de ver turista aqui... sinto orgulho até! Eles vêm sempre, mas costumam vir mais na Semana Santa, Carnaval e no FICA![41]

É importante notar que as narrativas de 2007 se referem mais às vantagens da vida tranqüila da Cidade de Goiás. De 1997 ao primeiro semestre de 1999, as narrativas estavam ainda carregadas do sentimento de traição por causa da transferência da capital da Cidade de Goiás para Goiânia. Após o primeiro FICA, realizado em junho de 1999, as narrativas de moradores começaram a expressar outras experiências na cidade. O sucesso do evento e a visibilidade midiática proporcionados por ele, estimularam o sentimento de pertença (ARANTES, Antônio Augusto, 2000) a essa cidade dos eventos e do turismo. Mais tarde, a conquista do título de Patrimônio Histórico e Artístico da Humanidade reforçou ainda mais essa tendência. Assim, nas narrativas, ainda que denunciadoras de problemas urbanos, disputas de espaços e tensões entre interesses, mostravam moradores mais envolvidos com uma cidade turística que se movimenta à época de eventos e feriados. De 2003 a 2005, as narrativas de moradores, sobretudo os residentes em bairros menos abastados, denunciavam a falta de emprego e os problemas na manutenção de serviços básicos na cidade, como a questão do lixo que se acumulava na periferia. Atualmente, o "vazio" que antes de 2000 era visto como "abandono" passou a ser narrado como "pacato". Uma tranqüilidade agora apresentada como qualidade de vida, traduzindo o modo como as experiências sociais vividas cotidianamente na cidade estão intimamente ligadas ao processo de construção da imagem de cidade histórica. Entrecruzam-se de diferentes formas e tendem a se transformar constantemente: memória hegemônica à dinâmica vivida por moradores da cidade nas suas atividades mais corriqueiras, como trabalhar, ir à escola ou à Igreja. Eles – moradores - re- alimentam, esta memória e a re-significam criando outros valores traçados e viveres dentro da cidade. Entrelaçam-se à cidade patrimonial e dialogam com o passado, conforme suas necessidades do presente e as expressam em suas práticas, narrativas, comportamentos, valores sentidos e perspectivas.

---

[41] Simone S. de Camargo Freitas, nasceu em Goiás, 1964. Professora. Mora na rua Hugo Ramos, n. 39, setor Santa Bárbara – abaixo do bairro Alto de Santana. Entrevista realizada por Cristina Helou, fevereiro de 2007.

2.2. A CONSTRUÇÃO DAS REFERÊNCIAS CULTURAIS E AS IMAGENS SOBRE A CIDADE HISTÓRICA — ALGUMAS CONSIDERAÇÕES SOBRE TRAJETOS COTIDIANOS E SIGNIFICAÇÕES NO ESPAÇO URBANO.

Como se verifica, para além da cartografia enfatizada para os turistas através de *folders* e guias turísticos, outras formas de viver e significar a cidade se expressam no cotidiano vivido pelos moradores locais.

Alguns eventos constantemente citados por moradores da Cidade de Goiás, como uma referência no incremento ao turismo, são para alguns, oportunidade de trabalho, em faxinas ou na varredura das ruas, na venda de produtos artesanais, doces, comidas ou roupas, ou na hospedagem de pessoas. Três desses eventos são colocados constantemente por moradores como importantes: O Carnaval, a Semana Santa e o Festival Internacional de Cinema Ambiental (FICA).

Entretanto, a Cidade Histórica e esses eventos são vistos das mais diversas formas, apresentando também maneiras diversas de significar e viver cotidianamente nesta cidade que tem cada vez mais experimentado a prática turística. Nela, aos nossos olhos externos, quase viajantes e turistas, a cidade é aquela na qual o traçado está para: ir a museus, contemplar monumentos, conhecer a cultura local. No entanto, no viver o cotidiano as pessoas trabalham, circulam pela cidade, vão à escola, fazem compras, vão à missa e se reúnem em locais de lazer.

É o caso do ir e vir do trabalho ou dos caminhos percorridos, para o abastecimento da casa. Os circuitos se fazem em busca de preços mais razoáveis, sobretudo quando o custo de vida se tornou mais caro com a expansão do movimento na cidade. As trajetórias de trabalho, também variam, particularmente para as diaristas, que servem várias casas. Maria Lúcia, moradora do bairro Alto de Santana e diarista, assim narra:

> É essa minha vidinha mesmo, trabalho de um lugar pra outro.
> (...) eu trabalho mais pra lá. [no centro] É... eu trabalho pras famílias lá.[42]

---

[42] Entrevista feita com Maria Lúcia, na cidade de Goiás, em 5 de abril de 2004. Bairro Alto de Santana (vulgarmente conhecido como "chupa osso"), por Cristina Helou Gomide.

A marca de Patrimônio Histórico e Cultural da Humanidade influi nos viveres e fazeres dessa cidade histórica. O recebimento de verbas mais intenso, como as oriundas do Projeto Monumenta, ajudaram a reforçar o caráter patrimonial local, realimentou o caráter colonial-imperial da cidade, com a restauração de alguns locais tombados, estimulou ainda mais a retomada de tradições, como certos festejos, além da criação de outros e a produção de doces, muitos deles reproduzindo costumes e referências da cidade.

Essas transformações se expressam nos modos de ver e viver na cidade. Os diálogos com os moradores locais, entre 2003 e 2005, se deram se forma a compreender o modo como estes viviam e significavam esta cidade em vertiginosa transformação. E foi assim, nesta perspectiva que fui conversando com Maria Lúcia, Luiz Antônio, Arquimino, José do Urubu, Dona Maria, Benedita, Brasilete de Ramos Caiado, José Filho, entre outros, com os quais entrei em contato à época.

Conversando com Maria Lúcia, por exemplo, lhe perguntei sobre que transformações ela percebeu na cidade após o recebimento do título de Patrimônio Histórico e Cultural da Humanidade. Ela me disse que os preços dos alimentos haviam aumentado bastante. Em função disso, ia aos supermercados em busca das melhores ofertas. Isto foi significativo, porque ela, como dona de casa, no seu viver cotidiano, apontou aspectos positivos com relação à vinda do turista, enfatizando o FICA como um evento no qual ela trabalhava bastante como faxineira, mas ao mesmo tempo denunciou a alta dos preços dos supermercados, fazendo com que ela passasse a procurar por melhores ofertas sempre que necessitava ir às compras. Ainda caminhando pelo centro da cidade, ela expressou suas experiências vividas cotidianamente, falando sobre a tensão entre viver numa cidade cujos preços lhe pareciam voltados ao turista e não ao morador local:

> É. Eu trabalho lá, [no centro] conheço 5 famílias lá.
> (...) Num melhorou. [a vida, depois que a cidade recebeu o título] Acho que ficou mais difícil, sabe por que? As pessoas aqui em Goiás.... se você vê o tanto que ta caro!
> (...) Nossa senhora! Cê vai com R$ 200,00 no supermercado, cê num compra nada. A pessoa se não tiver coragem mesmo de trabalhar, vai passar fome aqui em Goiás.
> (...) Tem vários supermercados aqui. Tem um aqui perto da ponte. Você conhece o mercadão?
> (....) Lá [no centro] tem 2 supermercado. Lá no Francisco tem uns 4. Acho que é uns 10 supermercado mais ou menos. Mais menina, vou falar pro cê...

> Cê num dá conta. Todo tanto que você ganha é pouco.
> É. Aí inclui todo mundo naquele bolo sabe? É o turista, o pessoal aqui de Goiás tudo. Só tem um supermercado aqui que faz promoção. Que é lá no João Francisco. E assim mesmo, a promoção dele é vapt-vupt.
> É o prazo de meia hora só. Se não for esperto, num compra nada não. (…)
> Os meninos estuda lá no centro também.
> O mais véi estuda no Alcides. Esse aqui estuda no Lyceu. Escola pública né. Num precisa pagar.[43]

Maria Lúcia, como outros moradores, constrói um outro traçado cotidiano na cidade em busca de melhores preços nessa vida urbana que encareceu muito à época com sua abertura para o turismo. Como se percebe e se ratifica, para além da cartografia dos mapas turísticos, das práticas turísticas ou das referências patrimoniais locais, outros viveres se entrecruzam à cidade histórica-turística-patrimonial.

Luiz Antônio, esposo de Maria Lúcia, traz outra dimensão da vida e do trabalho nessa cidade histórica. Ele se inscreve na dinâmica da cidade histórica quando, em vésperas de feriado é convocado a, na madrugada, começar a limpar a cidade, na condição de funcionário da prefeitura. Ele participa da limpeza da cidade para o visitante e vê em seu trabalho uma inserção na organização desta cidade tombada, pois, explica ele que é costume, às vésperas dos feriados os funcionários da prefeitura mudarem sua rotina do trabalho. Começam a trabalhar mais cedo e se tornam responsáveis por retirar todo o lixo acumulado na cidade até a chegada dos turistas.[44]

É também significativo notar que, por um lado, os caminhos percorridos por Maria Lúcia e por seus filhos, envolvem também o centro histórico, mas, com outros significados. Não é em museus ou Igrejas abertos à visitação pública que necessitam chegar. Ir à Igreja não é um ato de "visitação", mas é recorrente de práticas católicas que compõem as experiências vividas por muitos moradores com quem dialoguei. Suas caminhadas pedestres constituem uma trajetória cotidiana diversa das referências criadas para os turistas. Os moradores acabam por criar, deste modo, outras referências cotidianas para o mapa da cidade, pois o vivenciam conforme suas necessidades em curso.

---

[43] Entrevista feita com Maria Lúcia, na cidade de Goiás, em 5 de abril de 2004. Bairro Alto de Santana (vulgarmente conhecido como "chupa osso"), por Cristina Helou Gomide.

[44] Luiz Antônio, esposo de Maria Lúcia, morador do bairro Alto Santana. Entrevista realizada por Cristina Helou. Cidade de Goiás, 5 de abril de 2003.

Essa cartografia expressa trajetórias em constantes transformações. Não se trata de demarcar locais nos quais os moradores vão, mas de mapear outros modos de viver a cidade e se apropriar dela. Quando Maria Lúcia vai ao centro a trabalho, como diarista, não o faz pensando-o como espaço patrimonial – simplesmente o faz porque vai trabalhar. Os filhos vão à escola, visitam museus com a escola, vão à casa de amigos ou freqüentam a praça do Coreto. Luiz, seu esposo, trabalha no centro da cidade e estabelece sua própria relação com o espaço denominado "centro histórico".

As narrativas de outros moradores da cidade também me ajudaram a compor as reflexões sobre os trajetos pedestres, viveres e significações de residentes da antiga capital de Goiás. Seu Arquimino, por exemplo, morador do bairro "Chupa Osso", hoje reconhecido pela prefeitura como "Alto de Santana"[45], vai pouco ao centro e permanece mais no bairro em que vive. Durante nosso diálogo senti que enfatizou bastante isso, revelando inclusive pouca ligação com o centro histórico. Refere-se com certa distância ao que aconteceu "por lá", na enchente da cidade, em 2001. Como diz, esteve no centro (local atingido pela "tragédia") por pouco tempo naquele dia e nada poderia me falar sobre isso:

> Olha, isso eu num sei nem te contá. Porque isso foi pra lá, a gente tá pra cá! Quais num andamo. Eu assisti a enchente eu assisti. No dia da enchente eu tava lá. Mas cabô eu passei pra cá, vim embora, eu num...... De lá eu num sei conta nada não.[46]

Ora, a cidade representativa para Arquimino, está na sua história de vida no bairro Alto de Santana, onde construiu sua vida. Suas conquistas, sua casa e a casa de seus filhos, construídas às meias paredes da sua, são a representação de seu trabalho. Não é o título de Patrimônio Histórico e Cultural da Humanidade que lhe interessa. Representativo de sua história de vida é aquilo pelo qual ele lutou e conquistou. Seus bens e seu direito a expressar sua opinião política através do voto, como afirmou em diálogo comigo.

Além de não se reconhecer no centro da cidade, Arquimino marcou sua posição geográfica. A enchente não havia gerado nenhum trans-

---

[45] Conforme José do Urubu, em entrevista realizada no mesmo período, o bairro é reconhecido como tal no início da década de 1990, e a prefeitura atribuiu o nome "Alto de Santana" à então ocupação conhecida como "Chupa Osso".

[46] Arquimino, cidade de Goiás, bairro Alto de Santana, em abril de 2004, próximo à semana santa de Goiás. Entrevista realizada por Cristina Helou Gomide.

torno a ele ou aos próximos. Em sua narrativa restringiu-se ao bairro. Mesmo assim, o questionei sobre a ida aos museus. Quis saber se ele já os havia visitado e se eles se constituíam em referências importantes na cidade. Arquimino me disse não os visitava. Perguntei sobre o Museu Conde dos Arcos e ele disse que não o conhecia por dentro. Ficou claro nesse diálogo que sua memória sobre a cidade está ligada à sua chegada em Goiás (vindo da Bahia) e o modo como construiu sua vida na Cidade de Goiás, criando referências de trabalho e vendo sua família crescer e se estabelecer no bairro onde mora.

> Já. Mais assim... foi na época que eles vêm aí. Já fui lá umas duas veis. Mais na casa toda nunca andei, nunca passei não.[47]
> É, sempre a gente vai nessa época. [da transferência simbólica da capital] O Governo tá aí, né?! Esses tempo tamém teve uma reunião lá, mais conhece por dentro eu num conheço não. Tamén só nesses... zNesses outro museu eu nunca fui...... Na casa da Cora, muito falada... eu nunca fui! Eu num sô de ir nessas coisa nada! Num entende né...? então num...... A muié sempre vai [no centro histórico], eu num sô muito de ir não.
> A maué é aquela lá... essa aqui é filha. Eu num sou muito não! [de ir ao centro][48]

Questionado sobre a visitação aos museus, ele foi logo foi me explicando que não conhecia a Casa de Cora Coralina, figura popular que poderia, na minha idéia, ser mais conhecida. Passa ao largo para ele a importância atribuída a Cora Coralina como escritora que exaltou o passado de Goiás e que faz parte da dinâmica da construção da imagem de cidade história.incorporada quando a noção de patrimônio se amplia nas políticas da cidade, mas nem por isso se constitui numa referência para Arquimino.[49]

---

[47] Desde a época do Governo de Mauro Borges, em 1964, acontece a transferência simbólica da Capital do Estado de Goiás, de Goiânia para a cidade de Goiás. A princípio, isso ocorria durante uma semana do mês de julho, época do aniversário da antiga capital (Goiás). Em meio a isso, está a discussão política sobre a transferência da Capital de Goiás para Goiânia, em 1937.

[48] Arquimino. Entrevista citada.

[49] Ver DELGADO, Andréa. Tese de doutorado, Unicamp, 2004. Conforme a autora, "O reconhecimento de Goiás como cidade histórica não pode ser apenas explicado pelo fato de ter sido a capital estadual por mais de duzentos anos e conservar na estrutura urbana as construções do século XVIII. A inserção de Goiás no mapa do patrimônio não se justifica simplesmente pelo desejo de preservar suas construções como vestígios do passado, cujos valores seriam supostamente intrínsecos aos objetos e pré-existentes a qualquer classificação. O órgão do Patrimônio Nacional não descobre o valor estético e histórico dos bens; pelo contrário, ele institui esses

Enfim, o centro não é o território de Arquimino. Atribuindo importância e criando referências culturais no bairro em que reside, o "lá" (o centro) é o distante, não é o seu ambiente. Em relação ao seu bairro, sugere a construção de uma pequena praça, poucos metros abaixo de sua casa, como espaço de lazer no local. Ainda que a praça não tenha sido construída, manifesta uma expectativa em torno dela, muito mais viva do que em relação aos espaços mais destacados como patrimônio na cidade. Seus trajetos cotidianos não incluem o centro histórico e tão pouco este se revela como parte integrante da construção de sua memória.

Por outro lado, outros viveres e significados são colocados à cidade histórica. Em busca deles encontrei Brasilete de Ramos Caiado, filha do último governante que precedeu a revolução de 1930 em Goiás, filha de Brasil de Ramos Caiado, governante do Estado de Goiás de 1925 a 1929.[50]

Membro da elite[51], viu nas principais iniciativas de tombamento na cidade a oportunidade de retomar a importância da Cidade de Goiás como antiga capital do Estado, uma forma também de reavivar o significado de famílias que se destacaram no cenário político da cidade.

---

valores. A cidade de Goiás somente passou a ter visibilidade como lugar histórico quando foi inscrita na rede discursiva do patrimônio, à medida que o tecido da linguagem lhe foi atribuindo determinados conteúdos para torná-la símbolo da memória coletiva.

Outro agente desse processo de construção da cidade como âncora da identidade nacional e regional é Cora Coralina. Ao entretecer o rememorar do tempo aos espaços da cidade, ela torna-se artífice de significados para o passado que consagram Goiás enquanto lugar da memória."

50 Entrevista feita por Cristina Helou Gomide a Brasilete de Ramos Caiado, em sua residência, na rua do atual Museu das.Bandeiras. 72 anos. Cidade de Goiás, junho de 2003.

Aproveito para fazer uma homenagem à entrevistada, que faleceu num acidente de carro em setembro do mesmo ano, dois meses depois de conceder a entrevista para a formulação desse trabalho. Sua figura forte e marcante foi significativa para as observações obtidas nessa pesquisa.

51 Assim denomino: "Elite", por se tratar da filha de uma família politicamente tradicional no Estado de Goiás, bem como por sua formação intelectual, que a diferenciava de muitos na região. Dotada de um discurso eloqüente por dois aspectos: a conduta familiar e sua instrução. Professora, residiu em São Paulo durante algum tempo, quando estudou para tal.

O processo de chegada à casa da narradora e o modo como o diálogo ocorreu foi bastante significativo e eu, como pesquisadora, fiquei muito sensibilizada. Quando me aproximei da casa de Brasilete, localizada no Largo do Chafariz, próximo ao atual Museu das Bandeiras, bati palmas frente à entrada da porta principal (de fora) para tentar encontrá-la. Ela me atendeu e eu me apresentei como aluna da Pós-Graduação em História Social da PUC de São Paulo. Perguntei a ela se não poderia me conceder uma entrevista. De imediato ela me disse que sim. Convidou-me a entrar e me colocou sentada em uma das cadeiras de uma mesa de madeira. A mesa estava posta – como que preparada para receber alguém para o lanche. Ela se sentou à minha frente, perto da porta que dava para os fundos. À sua esquerda, o quadro com a imagem da mãe. Sua postura foi de quem se posiciona para algo importante. Senti-me lisonjeada e a narradora atingiu, provavelmente, seu propósito. Conversamos alguns minutos. Falamos sobre o modo como a cidade de Goiás recebeu o título de Patrimônio da Humanidade. Na conversa, perguntei-lhe sobre o Antigo Palácio Conde dos Arcos (já que seu pai foi o último governante a residir no local antes da Revolução de 1930 em Goiás).

Sua narrativa, voltada para a história política local e para as disputas de espaço e poder na antiga capital vai se traçando à medida em que fala sobre a transferência da capital, sobre o acervo do Museu Conde dos Arcos e sua memória sobre ambos:

> É senhor Pedro Ludovico, que inclusive os móveis da minha casa aqui, que meu pai tinha adquirido, tinha documentos tinha tudo. Porque eles foram adquiridos em São Paulo, através de um parente nosso, que morava em São Paulo, ele tinha recibo, tinha tudo... e eles levaram... Arrombaram aqui a casa, que foi na época... na década de trinta, depois da revolução. E, minha mãe, estava com os filhos pequenos, eu ainda não havia nascido. Mas eles estavam na fazenda... eles arrombaram aqui a porta, e carregaram esses móveis... e foram levados pra fazenda.[52]

Indaguei-lhe sobre os móveis que compõem o acervo hoje e sobre quais, dentre eles lhe lembravam sua família. Enfim, sobre o que havia no espaço interno do Museu e que a fizesse recordar da história de sua família. Foi então que comecei a gravar:"

> Autêntico mesmo não tem nada.....
> (...) porque o que era... com a mudança da Capital foi tudo levado.....

---

[52] Brasilete de Ramos Caiado. Entrevista realizada em julho de 2003, em sua residência, na cidade de Goiás. Entrevista realizada por Cristina Helou Gomide, p. 11

(...) Os móveis... aqueles móveis, tudo foi adquirido já, na década de sessenta.....
(...) Teve... como prefeitura... teve como extensão...... quando o Colégio Santana estava em modificação. Inclusive, quando eu estava fazendo o primário, nós fizemos uns dois anos lá....É foi na década de.....no final da década de quarenta. Teve reforma aqui, o Colégio Santana, e nós tivemos aula lá.
(...) É... super importante... o que aconteceu é que meu pai foi Presidente de Estado, de vinte e cinco a vinte e nove. É aquele de barba [se referindo a um dos quadros que estava na parede de sua casa] Então... aí, na mudança da capital foi tudo levado pra goiâaaaaania.[53]

Fig. 14: *Foto de Brasilete, quando fui recebida em sua casa para realizar a entrevista. Ao fundo, o quadro da mãe. Cidade de Goiás, julho de 2005.*

Brasilete não se reconheceu no acervo exposto no museu. O significado atribuído por ela, ao antigo Conde dos Arcos esteve na memória da derrocada política da família Caiado no período da revolução de 1930 em Goiás. Sua "negação", uma forma de "reação" contra o poder político vigente no período de Pedro Ludovico Teixeira. Interessava-lhe mais o que o edifício representa para a história política da cidade do que o acervo que compõe o museu.

---

53 Entrevista com Brasileite, p. 2

De fato o acervo interno é carregado de problemas. Muitos móveis que o compõem foram trazidos de repartições públicas de Goiânia. Outros foram doações de famílias locais. Alguns realmente pertenceram à vida política do antigo Palácio.

A denúncia presente na narrativa de Brasilete, entretanto, não esteve somente vinculada à autenticidade ou não do acervo que compõe o museu, mas à sua negação à memória nele constituída. Sua referência patrimonial está na memória física da cidade, e, portanto, no edifício do Antigo Palácio, que rememora o período áureo da história política de sua família.

Ex-diretora do teatro São Joaquim na cidade de Goiás, referência intelectual e de práticas políticas, a entrevistada, mesmo quando instigada, fala pouco do museu, abordando mais sua trajetória na formulação de movimentos em prol das atividades artesanais locais.

Em sua narrativa, a transferência simbólica da Capital tem um significado bem mais amplo do que o tombamento do edifício em 1950, pelo SPHAN[54] ou a criação do museu, na década de 1980. Importante tem sido, nas entrelinhas, o reconhecimento ao passado político, através das comemorações durante o aniversário da cidade. O significado que ela atribuiu ao museu foi que ele, a partir da transferência simbólica da capital para a Cidade de Goiás, a marcou na memória goiana como espaço histórico de decisões políticas.

> BRC – Desde a época do Mauro Borges. Simbolicamente, a mudança é feita aqui pra Goiás ... agora... a coisa foi diminuindo. Na década de sessenta era assim. Mas já na década de oitenta, já... vinha cedo, voltava à tarde. Era um ou dois dias. Só pernoitava. E até hoje é dessa maneira. O atual governador vem um dia, tem aqueles encontros tudo... encontra com várias... da região, ele... conversa né, ele... as pessoas principalmente os representantes desses municípios tem uma série de pedidos, então são entrevistas que tem com ele. Audiências públicas, e... e ele no dia seguinte, na parte da manhã ele já retorna. Não ficam mais os quinze dias. Porque foi passando pra dez, uma semana, três dias e agora praticamente dois dias.[55]

Brasilete de Ramos Caiado tomou a frente em várias ações em prol do reconhecimento da antiga imagem de cidade histórica, como antiga capital do estado de Goiás. O poder político de sua família aparece vinculado àquela arquitetura inicialmente colonial do Antigo Palácio Conde dos Arcos, e que a política patrimonial veio preservar a partir

---

[54] Secretaria do Patrimônio Histórico e Artístico Nacional.
[55] Brasilete, p. 5

de 1950. Evitando a descaracterização dos edifícios públicos, a ação do SPHAN garantiu a preservação da imagem de um prédio que representa a história política da qual se orgulha. Segundo ela:

> Essa mudança da capital foi maravilhosa. Porque não destruiu o nosso centro arquitetônico. Porque se continuássemos como capital, essas coisas hoje, já não existiriam mais. Seriam arranha céus como foi em Goiânia. No primeiro momento, casas lindas, maravilhosas, depois tudo aquilo ali foi a beira do progresso, foram destruídas e levantados arranha céus. Bem, de qualquer maneira ficamos pobres. Porque os fazendeiros os aposentados que permaneceram na cidade. E o poder aquisitivo baixo, assalariados, então... não tinha como transformar essa cidade, em uma cidade moderna. Então preservou-se a arquitetura vernacular. Que vocês encontram... Então antes da década de setenta, várias descaracterizações que vocês podem notar. No centro, casas totalmente própria do estilo arquitetônico colonial. Esse bem característico colonial, do poderístico, por assim dizer. Então veio em bom tempo e boa hora (...) para preservar a nossa arquitetura, os movimentos, que teve uma missão muito boa. Só, que ela, essa... essa... voltou para sensibilizar as pessoas não foi fácil. Porque todos, queriam mudar, colocar um alpendre... derrubar a frente da casa e colocar um alpendre, que achava que ali tinha uma visão melhor. E aí foi descaracterizando várias ruas, várias casas. E aquilo foi quase um processo em alta escala. Mas aí, veio essa parada. E houve uma reação das famílias. "Porque isso aqui é meu, eu que comprei a casa, porque eu não posso fazer da casa o que eu gostaria... um jardinzinho na frente"... e modificou e assim estava destruindo a arquitetura que nós tínhamos. Então veio e com jeito e tentando, mais muito mal aceito. Uns vinte anos [risos] nós tivemos que lutar, todas as pessoas mais esclarecidas sabe, para que as pessoas não destruíssem as fachadas, porque veio aquela onda de modernidade, fazer alpendres e tal... Aí depois que conseguiu uma certa aceitação da população. Aí tudo bem, aí veio o título de patrimônio. Agora sim. O centro intocável[56]

Gerenciadora de decisões, cuja opinião se tornou importante ao longo do tempo, Brasilete apresentou maior domínio da linguagem padrão, uma narrativa diferenciada, uma articulação sedutora. Citando os "mais esclarecidos", referindo-se a ela e demais membros que compactuavam com suas idéias, falava de pessoas que atuam na esfera

---

[56] Brasilete p. 6.
O movimento citado pela narradora é o processo pelo qual a cidade passou, em prol do reconhecimento, pela Unesco, de Patrimônio da Humanidade. Além disso, para melhor ilustrar, é necessário lembrar que o SPHAN atuou na cidade de Goiás pela primeira vez, na década de 50 do século XX, tombando prédios administrativos e Igrejas, bem como a antiga Casa de Câmara e Cadeia. No final da década de 70 do mesmo século, o órgão competente (já IPHAN) tombou, além de prédios, verdadeiras malhas urbanas.

do patrimônio e do turismo de forma a contribuir na manutenção da memória hegemônica – memória esta que tem pontuado as narrativas de guias turísticos e de museus na cidade.

Analisando sua narrativa, compreendi que ela atribuiu importância à transferência simbólica da capital, mas ocultou que a "construção" do museu tem servido para efetivar a imagem de cidade histórica. O reconhecimento, em 1961, do museu como "monumento" foi citado, indiretamente, como um pedido de "desculpas" à transferência da capital:

> B- Olha....eu estive um período muito longo fora de Goiás, fazendo estudos no Rio. Retornei na década de sessenta. (...) e nessa época parece que o Mauro Borges, como comentei com você, parece que quis redimir, tudo que o pai tinha feito, abruptamente, e ele transferiu simbolicamente a capital para a cidade de Goiás no período de quinze dias. Para poder reativar a antiga capital. Ele foi muito condescendente nessa parte. E aí deu aquela característica ao Palácio Conde dos Arcos. Ele tentou é....retornar ao que era. Agora aquilo ali mudou muito.[57]

Brasilete se prende ao evento da transferência da Capital para Goiás. O acontecimento tem, para ela, um efeito mais simbólico do que efetivo para a administração da cidade. Isto implica, para ela, no reconhecimento de uma história política local que a inscreve, mesmo que nas entrelinhas, à memória do patrimônio da antiga capital, remetendo-a ao poder político de sua família. O significado atribuído ao antigo Palácio na narrativa de Brasilete, era de reconhecimento de uma trajetória política de um espaço que foi capital do estado. Refletir sobre o Palácio foi uma forma de compreender o "passado como doador de sentido para o presente" (SARLO, 2005).

A narrativa de Brasilete representa dimensões da memória hegemônica da cidade. A preservação da cidade e a valoração do patrimônio edificado é a necessidade de preservação de certas coisas, como elementos que a remetem ao passado de *glamour* político dos Caiado em Goiás. No entanto, ela se refere ao poder político do século XX e não ao de um passado distante. Para ela, reconhecer o espaço do Museu Conde dos Arcos como local de poder político é que se torna importante, não significando o acervo interno, mas o que o prédio simboliza para a memória política da cidade. Daí o significado profundo da transferência simbólica da capital para a narradora.

A esse sentido acrescenta outras propostas e práticas. A sede do Governo está acoplada à Casa de Fundição, onde atualmente funciona a

---

[57] Brasilete, p. 4

Procuradoria Pública. Este marco patrimonial realimenta a importância da cidade na produção aurífera no período colonial. Falar, portanto, do Antigo Palácio Conde dos Arcos é uma forma de interpretar não somente o local como sede administrativa, mas também como gerador de riqueza desde o século XVIII.

Ao mesmo tempo, o antigo Palácio, conhecido hoje como "Museu Conde dos Arcos", constitui-se em espaço cultural desde a década de 1980, aberto à visitação pública, com atividades culturais variadas, dentro de perspectivas museológicas mais modernas. Funciona de terça-feira a domingo, das oito da manhã às dezessete horas e é um dos monumentos que fazem parte da rota turística de pessoas que visitam o local.[58]

O edifício foi construído no século XVIII e foi tombado pelo SPHAN na década de 1950. Sofreu algumas reformas ao longo do tempo[59], desde que foi edificado, em 1751[60], época em que foram compradas cinco casas para serem demolidas e em seguida para dar lugar ao Palácio Conde dos Arcos, que serviu de moradia para o governador da ca-

---

[58] Durante o século XVIII, várias construções hoje pertencentes ao acervo arquitetônico turístico de Goiás, foram erguidas. Uma delas foi a Casa de Fundição, criada em 1752 por Conde dos Arcos – primeiro governador de Goiás. *Folder* Cidade de Goiás – Atrações Turísticas, Goiás: Sebrae-GO. COELHO, Gustavo Neiva. *Guia dos Bens Imóveis Tombados em Goiás*. Goiânia: Instituto de Arquitetos do Brasil, 1999, p. 45. Localizada à Rua Luiz do Couto (Rua da Fundição) n.1, a Casa de Fundição iniciou sua construção a partir de cinco edifícios residenciais, nos quais além da Casa de Fundição do ouro, seria erguido também o Palácio dos Governadores. Em função da decadência da mineração, deixou de existir como tal a partir de 1822. Entre 1852 e 1867 foi utilizada pela Tipografia Provincial. De 1867 a 84, foi depósito de artigos bélicos. De 1922 a 37, serviu como sede da Justiça Federal. Depois de 1922, entretanto, uma reforma descaracterizou sua fachada que ganhou aspecto de arquitetura eclética. Funcionou como sede do Clube Goiás até 1985. Após restauração, o prédio hoje serve ao Ministério Público da cidade de Goiás.

[59] Uma reforma em 1759, "no governo de Dom Álvaro Xavier Botelho Távora". Outra em 1867: "O terraço e o balaústre de tábua recortada foram adicionados ao conjunto (...) a mando do governador Augusto Ferreira França. A seqüência de reformas mudou principalmente as subdivisões internas do casarão." Ver reportagem de BORGES, Rogério. Símbolo de Cara Nova. *In* Jornal O POPULAR, Caderno Magazine, 26 julho de 2005, Goiânia, ano 67, n. 18.833, p 03

[60] Desde 1748, Dom João, Rei de Portugal, já havia criado os governos de Goiás, Minas e Cuiabá, de forma a serem independentes da administração da capitania de São Paulo. Ver: *Folder* do "Centro Cultural Palácio Conde dos Arcos", cidade de Goiás-GO.

pitania de Goiás[61]. O Antigo Palácio Conde dos Arcos foi residência dos administradores de Goiás até a década de 1930, quando ocorreu a transferência da capital, da cidade de Goiás para Goiânia.

Em 2005 passou por outra reforma e, com ela "foram montadas duas galerias de arte", quatro novas suítes, além de um centro de convivência construído no seu interior. A fachada e a parte interna foram respeitadas para garantir a preservação da arquitetura histórica. Mas conforme reportagem escrita pelo Jornal O Popular, em 26 de julho do mesmo ano da reforma, a superintendente de IPHAN de Goiás disse que o mobiliário apresenta alguns problemas já que "A maioria das peças foi comprada nos anos 80. Elas não são representativas dos objetos rústicos que havia antes. Só há quatro ou cinco móveis que são realmente antigos."[62]

O valor atribuído aos edifícios do antigo Palácio Conde dos Arcos respeita as orientações já definidas pelo então SPHAN na década de 1950. O Conde dos Arcos havia abrigado muitos administradores e expõe em uma de suas paredes, mesmo após a reforma de 2005, as fotografias de todos eles. Portador da história política da cidade, carrega o valor de uma época, cujo *status* é reforçado em sua imagem construída como representante da história política local. Desde a década de 1960 foi realimentado como local de memória de uma política hegemônica[63], quando foi reconhecido pelo governo de estado do período como "monumento histórico".

Em 1961, o filho de Pedro Ludovico (Mauro Borges) como Governador do estado de Goiás, assinou um decreto falando sobre a cidade e fazendo alusão ao antigo Palácio Conde dos Arcos.[64]

---

[61] Em 1822, a denominação capitania foi substituída por província, e o governador, por presidente. Foram trinta e oito presidentes, de 1822 a 1889, até a instituição da República, quando a província passou a ser denominada de Estado, e os presidentes novamente foram chamados governadores.

[62] Ver reportagem de BORGES, Rogério. Símbolo de Cara Nova. In Jornal O POPULAR, Caderno Magazine, 26 julho de 2005, Goiânia, ano 67, n. 18.833, p 03.

[63] Por ter abrigado os representantes dos poderes políticos vigentes nas mais diversas épocas.

[64] Sobre a problemática da transferência da capital da Cidade de Goiás para Goiânia, solicito ao leitor que retorne à introdução deste trabalho. Com uma abordagem mais específica e sucinta, sobre o tema, o leitor também poderá recorrer à leitura da obra: GOMIDE, Cristina. História da transferência da Capital – de Goiás para Goiânia. Coleção Histórias de Goiás, vol. 1. Goiânia: Editora Alternativa, 2003.

Valores impregnados da história política hegemônica da antiga capital orientaram práticas públicas estaduais que visavam movimentar o Palácio, atribuindo significados ao lugar. Nesses significados atribuídos, outros significados estiveram entrelaçados, sobretudo os que rememoravam o espaço como local de decisões sobre o funcionamento do estado de Goiás. No decreto de 1961, Mauro Borges o reconheceu, no plano estadual, como "monumento histórico":

> "transformando o Palácio Conde dos Arcos em Monumento Histórico e Residência de inverno dos Governadores. Através do decreto governamental, todos os anos, nesta mesma data, os governadores goianos se transferirão para esta cidade, a fim de, dentro das disposições constitucionais, despacharem o expediente do Governo, em homenagem à cidade que serviu de berço à civilização goiana."[65]

Desde então, em todo dia 25 do mês de julho, em quase todos os anos, o antigo Palácio do Governo se torna sede do governo provisório. À época da "transferência simbólica", todos os trâmites administrativos são despachados de lá.

Não poderia deixar de citar que, desde 1938, ano da primeira edição do Jornal O Popular, uma reportagem fez alusão às comemorações do aniversário da cidade de Goiás. E foi desde a década de 1960, que o aniversário da cidade passou a ser associado à transferência simbólica da capital, efetivada nas dependências do antigo Palácio Conde dos Arcos. A reportagem de 1938 anunciou.....

> Foi comemorado condignamente na cidade de Goiaz a passagem do aniversário da fundação da cidade.
> Organizado pelo sr. Edilberto Santana, diretor da Edição Goiânia e prestigiado pelo dr. Edilberto da Veiga Jardim, prefeito municipal, realizaram-se naquela cidade, naquele dia, diversas festas de cunho cívico e social.
> O programa foi extenso e tomou todo dia, encerrando o mesmo uma solene sessão cívica realizada no edifício da Prefeitura, antigo Palácio do Governo, onde falou sobre a data, o dr. João Perillo.
> A seguir, teve lugar um animado baile que durou até alta madrugada e foi abrilhantado pelos ótimos Jazz, Edilberto Santana e José Saddi.[66]

Após a transferência da capital para Goiânia, o "Conde dos Arcos" passou a sediar a prefeitura de Goiás, até 1961. Depois disso, pas-

---

[65] Jornal FOLHA de Goiás, O Dia em Palácio – Conde dos Arcos é Monumento Nacional. Goiânia, 26 jul. 1961.

[66] 4 de agosto 1938 p. 01, n. XXXIII. "Comemorando, condignamente, a passagem do aniversário da fundação da cidade de Goiaz." Sem autor.

sou por uma série de reformas para abrigar o executivo no período da transferência simbólica e para as comemorações do aniversário da cidade 1978, além de citar outros problemas de preservação sobre edifícios da cidade, a imprensa escrita narrou sobre a descaracterização do Palácio:

> O Palácio Conde dos arcos que conta com oito janelas de frente e quatro de cada lado, foi mutilado na sua estrutura, abrindo uma porta indevidamente frente à Igreja da Boa Morte onde era uma janela e ali fizeram uma Coletoria. Assim também foram retiradas as estatuetas que serviam de ornamento do pátio externo do Palácio que tanto atraíram grande número de turistas pela sua originalidade.[67]

O foco da narrativa de 1978 está na preocupação com a manutenção da estética característica da história arquitetônica de Goiás, pois ela integrava uma imagem turística da cidade. O prédio do Palácio, juntamente com outros prédios tombados, compunha o cenário da cidade histórica e contribuía para a construção de uma imagem que se desejava exaltar.

A transferência simbólica da capital ocorreu até o mandato do governador Irapuã Costa Júnior, em fins da década de 1970. A prática de transferência do executivo à época do aniversário da cidade foi retomada em 1984, quando o Palácio sofreu novas reformas para dar continuidade à prática instituída pelo decreto lei de 26 de julho de 1961.

Foi durante o governo de Íris Resende Machado, que a preocupação com o evento foi retomada e o Palácio foi reavivado, conforme coloca a reportagem do Jornal O Popular, de 1984:

> O Palácio Conde dos Arcos se encontrava em estado lastimável, afastando até mesmo turistas e desgostando os habitantes de Goiás. As paredes estavam sujas, rachadas, o assoalho esburacado à mercê da ação destruidora do tempo; os telhados plenos de goteiras que estragavam o mobiliário existente; jardins mal cuidados, enfim, tudo necessitando de reparos, restaurações, trato e uma boa pintura geral. Em tempo recorde, a SUPLAN [secretaria de planejamento], obedecendo projeto de restauração do SPHAN (Pró-Memória), aplicando também recursos do Estado, realizou todos os reparos, consertos, restaurações.
> Agora, paredes muito brancas, todo madeirame pintado de belíssimo azul-colonial, brilham à luz do sol e fazem contraste contra o céu azul de Goiás,

---

[67] Jornal O Popular, 01/09/1978, "Ponto de Vista, por Jorge Carioca – Chafariz da Carioca". Arquivo O Popular, Pasta Cidade de Goiás, pesquisa de julho 2005.

chamando a atenção de turistas e pacatos moradores daquela cidade. Cortininhas alvas e transparentes.[68]

A narrativa sobre a depauperação do edifício foi contraposta à narrativa da reforma. Colocado de forma idílica, o resultado da reforma foi apresentado com juízo de valor. Valorou a intenção, criando uma imagem de "decadência" do prédio. Em contrapartida, exaltou o resultado final, garantindo uma "boa imagem" do feito. A preocupação estética articula-se às expectativas políticas de valorização da cidade para o turismo. O Popular comenta:

> A primeira Dama do Estado, Íris Rezende Machado, ainda no mês de abril, foi até Goiás e, como o Governo para lá se transferia nos dias 25, 26 e 27 de julho, resolveu "dar uma geral" ou acondicionamento em todo o Palácio. O objetivo não era apenas reformar, decorar, faxinar e arrumar o velho casarão para sediar o Governo. Dona Íris visava também oferecer uma espécie de novo lay-out ou visual aos turistas e povo da cidade.
> Assim, utilizando-se dos poucos móveis, tapetes, peças históricas que lá existiam e aceitando doações de tradicionais famílias de Goiás, além de trazer alguns móveis do próprio Palácio das Esmeraldas [em Goiânia], a Primeira-Dama conseguiu dar um clima de vida, domesticidade e aconchego às 36 dependências, varandas, pátios e jardins, misturando estilos de várias épocas. Estilos que vão do século XVIII ao século XX, numa autêntica magia ou milagre de bom gosto e decoração.
> Velhos móveis foram lixados, envernizados, lustrados, estofados, reformados; tapetes remendados, tudo com muita economia e pechincha próprias de uma autêntica dona-de-casa. O resultado está para todos conferirem: aconchego, um quê de domesticidade aliado à simplicidade dos detalhes e mistura de estilo, tudo muito goiano.[69]

A transferência passava a fazer parte do processo de construção da imagem da cidade histórica, como uma reação à reação contra a criação de Goiânia. Estava efetivada a trajetória da criação do espaço do museu. Ora, a origem do poder de Goiânia está na valoração da cidade de Goiás como "cidade histórica". Mobilia-se o antigo Palácio, na perspectiva de valorizar a antiga burguesia local[70] cuja história vincula-se à

---

[68] Jornal O Popular, 24 julho de 1984. "Em tempo de mudança, o novo visual do Palácio Conde dos Arcos" Caderno 2 – p. 1. Texto de Glória Drumond. Editor Paulo Berings.

[69] Jornal O Popular, 24 julho de 1984. "Em tempo de mudança, o novo visual do Palácio Conde dos Arcos"Caderno 2 – p. 1. Texto de Glória Drumond. Editor Paulo Berings.

[70] Uma Burguesia que vê nisso dimensões para reativar a idéia da cidade como sede do governo e produtora de riqueza através da exploração aurífera.

exploração aurífera. Grupos políticos que se alimentam dessa imagem de cidade histórica, fazem do Palácio um local "resgatado" do passado. Mas o Palácio não é mais o mesmo.

Retomando o artigo de jornal escrito em 1984, percebe-se que o mais significativo na narrativa escrita esteve, no entanto, em trechos como: "oferecer uma espécie de novo lay-out"; "aceitando doações de tradicionais famílias de Goiás, além de trazer móveis do Palácio das Esmeraldas"; "velhos móveis (...) com muita economia e pechincha próprias de uma autêntica dona-de-casa"; o resultado (...) aconchego (...) aliado à simplicidade dos detalhes e mistura de estilo". Mostra exatamente o caráter de ascensão de grupos sociais que procuravam se enquadrar na história política. O então Governador Íris Rezende por exemplo, na figura de sua esposa, valorou o espaço da antiga capital, obtendo apoio do antigo para a valorização do novo: Goiânia. Há, aí, a tentativa de retomada de relações cordiais entre a antiga e a nova capital. Foi a construção de uma nova imagem de Palácio, re-paginado aos moldes daquele presente vivido. Conforme o decreto n. 2.787, seu papel era transmitir a história de Goiás, repassando valores locais e estimulando a produção artística local, diferenciando-o e colocando-o na condição de "Centro Cultural". A criação do centro cultural, conforme o Jornal O Popular, em 1987....

> destina-se a apoiar órgãos e entidade culturais locais e também de outras regiões do Estado, constituindo-se em parte integrante da estrutura administrativa da Secretaria da Cultura. São suas atribuições: a preservação dos valores culturais ligados às manifestações artísticas e tradicionais do povo goiano, bem como do patrimônio histórico e artístico de Goiás, promovendo também a consciência desta preservação; a proteção do folclore e dos bens paisagísticos; manter uma estante de livros de autores goianos e um acervo de material que atenda à pesquisa sobre a história do Estado; manter uma sala de exibições de material fotográfico e vídeo-cinematográfico, uma exposição permanente de objetos das artes populares do Estado e também um balcão de venda de tais objetos, livros e outros bens artísticos. Cabe também ao Centro promover cursos, palestras, debates, seminários e outros eventos destinados ao desenvolvimento artístico no Estado, incentivando a troca de experiências entre os artistas, de modo geral. Servirá, assim, como uma unidade de preparação de mão-de-obra especializada para o setor cultural.[71]

---

[71] 44 Jornal O Popular, 28 de Julho de 1987, Caderno 2, "Um rico domingo para os goianos" Arquivo O Popular, Pasta Cidade de Goiás, pesquisa de julho 2005

Outras decisões tomadas em 1987, no período da transferência simbólica, foram significativas nesse processo de "reação à reação de descontentamento" presente na memória da cidade. Apropriaram-se de outras manifestações culturais incorporando-as à proposta. Criou-se, em 1988, o ano Cora Coralina – autora goiana reconhecida nacionalmente por sua produção e falecida em 1985. Tecia-se, ao longo do processo de construção da imagem do antigo Palácio e de outros bens e nomes reconhecidos publicamente, uma noção mais ampliada de patrimônio:

> A capital do Estado, em cumprimento a um dispositivo legal, foi mais uma vez transferida para a Cidade de Goiás no último dia 25, sábado. No dia seguinte, domingo, o Governador Henrique Santillo participou ainda de outra solenidade, no Palácio Conde dos Arcos, de grande importância para a cultura goiana: a assinatura de decretos visando a criação do Centro Cultural Palácio Conde dos Arcos e do periódico Goyaz Cultura; de um projeto de lei instituindo o ano de 1988 como o Ano Cora Coralina, em homenagem ao centenário de nascimento da poetisa; de convênio com o Ministério da Cultura (Minc), a fim de promover a restauração do prédio do Gabinete Literário, da Casa de Cora Coralina e reconstituição da antiga fachada da agência do BEG daquela cidade; e, de um termo de cooperação com o Minc, para uma maior integração nas ações destinadas à preservação do patrimônio histórico e artístico de Goiás.[72]

O Jornal O Popular registrou, como veículo de informação, decretos que pontuaram as ações políticas em torno da preservação de bens materiais e de construção de um cenário que contribuía na dinâmica da imagem de cidade histórica. Não isoladamente, os órgãos responsáveis pela preservação dos espaços considerados patrimoniais no Brasil, estiveram presentes, marcando a presença de opiniões sobre o assunto. Interpretando as ações e as falas destes setores responsáveis, o artigo destacou:

> Em seu discurso, o Governador Henrique Santillo ressaltou a importância da preservação da memória cultural goiana, lembrando que 'é procurando as raízes de sua história, da luta de seu povo, que se segue rumo à modernidade'. (...) Ângelo Oswaldo, da SPHAN, disse por sua vez, que a importância da recuperação de monumentos está 'não só na reconstrução de cenários, mas serve para realimentar o processo de criação. E suporte

---

[72] Jornal O Popular, 28 de Julho de 1987, Caderno 2, "Um rico domingo para os goianos" Arquivo O Popular, Pasta Cidade de Goiás, pesquisa de julho 2005

para toda a dinâmica fundamental da cultura goiana, afinal, o espetáculo continua, nunca para'.[73]

O modo como a narrativa do então governador foi colocada foi bastante significativo: "É procurando as raízes de sua história da luta de seu povo, que se segue rumo à modernidade". O modo como o passado foi trazido ao presente, de fato traçou um caminho. A construção da imagem de cidade histórica fazia alusão à modernidade e, indiretamente ao progresso, mas em momento algum descartou a idéia de "berço da cultura goiana". Dialeticamente, o passado da capital antes considerada desprovida de condições para sediar um centro administrativo, passou a ser alvo de discursos sobre desenvolvimento.

O fato do antigo Palácio, no período de transferência simbólica da capital, ser a sede de tais discussões e o local no qual tantos decretos são assinados e outros tantos discursos são proferidos, exaltando a história da cidade, faz dele, um espaço de experiências políticas, tecendo referências impregnadas de uma história hegemônica.

Em 1991, durante mais uma transferência simbólica da capital, no período do governo de Íris Resende, o Jornal O Popular registrou pedidos de moradores para melhorar a estrutura urbana da cidade, e fez menção à participação da primeira dama no evento. No processo de análise dessa reportagem, me senti seduzida pelo texto, imaginando o quão eficazes poderiam ser essas transferências simbólicas – como se acontecessem mais decisões do que comumente ocorriam. Entretanto, como o que estava em destaque era exatamente o aspecto "simbólico" da transferência, compreendi que o papel do artigo escrito era noticiar tudo o que foi assinado e despachado durante esse período. Fazê-lo em Goiânia, era o que comumente acontecia, e isso, provavelmente, não fazia de outros decretos, os não assinados na antiga capital, acontecimentos "importantes".

A transferência simbólica estava carregada, assim, da construção de uma importância política que se pretendia retomar, cuja mídia escrita ajudava a reforçar. A eficiência da empresa de telefonia de Goiás, inclusive foi salientada, mostrando rapidez em prol do bem estar do morador e do visitante. Mais uma vez, nas entrelinhas, a cidade histórica foi associada ao dinamismo que só o progresso pode trazer, produzindo

---

[73] Jornal O Popular, 28 de Julho de 1987, Caderno 2, "Um rico domingo para os goianos" Arquivo O Popular, Pasta Cidade de Goiás, pesquisa de julho 2005

uma imagem dialética sobre o funcionamento da cidade, mesclando "pacato" à "aceleração" dos meios de comunicação.

> (...) Na mesa do Governador foram postos pedidos de construções e melhorias em praças de esportes, doações de tratores e criação de patrulhas mecanizadas.
> Em tempo recorde de dois dias, a Telegoiás instalou e inaugurou um sistema de comunicação pública nos bairros da periferia da Cidade, foram instalados orelhões nas vilas Lions, Agnelo e Jardim Paraíso. Um orelhão foi colocado em frente ao Palácio Conde dos Arcos(...)
> A primeira-dama do estado, Íris Araújo Machado, presidente da Fundação de Promoção Social, nos dois dias em que despachou no Conde dos Arcos, dedicou a maior parte do tempo ao contato com as primeiras-damas da região e ao acompanhamento de projetos sociais do Governo e a audiências populares.[74]

Diante da importância que foi sendo atribuída ao antigo Palácio Conde dos Arcos, sobretudo após seu reconhecimento como "monumento histórico" e, posteriormente, como "centro cultural", concluí que desde a década de 1980, aberto à visitação pública, o local havia se inserido na vida cotidiana dos moradores locais, ainda que estes não o freqüentassem ou não se identificassem com o edifício enquanto museu, ou com o acervo interno nele disposto.

É interessante notar que a narrativa do guia do Museu é reprodutora dessa memória, e o espaço ainda pode ser considerado como um local de exercício político. Seu discurso re- alimenta a história política local, trazendo os confrontos da década de 1930 em Goiás, entre Pedro Ludovico e os Caiado, além de abordar a história da "mágoa" política local por causa da transferência da capital para Goiânia. Reforça ainda a imagem de reduto de bens que pertenceram às famílias que ali viveram[75]. Já Brasilete o percebe ainda como local de exercício político porque o valora quando é sede da transferência simbólica da capital, vendo no acontecimento uma forma de reconhecimento à história vivida por sua família no âmbito da vida pública. Entretanto, ainda que re-alimentando essa memória política, outras formas de sentir a cidade e seus museus se expressam na narrativa de moradores.

---

[74] Jornal O Popular, 26 julho 1991, "Lideranças pedem obras – Quem foi Sant'Ana."Goiânia/GO 1991- Cidade de Goiás, reivindicações durante o período de transferência simbólica. governo de Íris Rezende.

[75] José Filho. Guia do Museu Palácio Conde dos Arcos. Narrativa do Guia enquanto caminhava com um grupo de alunos de Goiânia. Por Cristina Helou. Cidade de Goiás, maio de 1999.

Brasilete colocava-se à frente da criação de cooperativas, associações, entre outras formas que pudessem estimular a produção de produtos locais por moradores da cidade, percebendo-se que sua atuação é política e social, visando, para além das discussões sobre museus e patrimônios edificados, a manutenção de uma tradição, que possibilitasse trabalho aos moradores e, com essa atitude, busca realimentar a importância da cidade. Neste sentido, pensar suas observações sobre o museu é compreender que ela está para além do que ele pode oferecer como local aberto à visitação pública. Seu foco é a cidade como um todo! Não se trata somente do patrimônio tombado e preservado. Trata-se da valorização de outras dimensões da vida e do trabalho.

Conversando com algumas doceiras em fevereiro de 2007, todas foram taxativas em dizer que após o falecimento de Brasilete, o projeto de criação da cooperativa das doceiras foi deixado de lado. Desestimuladas, elas não o conduziram e não mais se organizaram para a produção articulada em conjunto de quitutes para serem vendidos a outras cidades goianas. Assim, o modo com que Brasilete vive a cidade patrimônio a reinscreve nesse movimento político de forma a se articular com outros moradores é significativo, porque ela se coloca como líder, à frente de questões para o desenvolvimento de práticas culturais que possam se voltar para o turismo e para a dinâmica da economia local.

Há outros exemplos sobre isso. Eva Carneiro dos Santos, a artesã com quem dialoguei em julho de 2004, me contou um pouco sobre o modo como começou a fazer potes de argila. Aprendeu com sua mãe e há poucos anos abriu uma pequena porta para receber seus compradores. Faz artesanato há cinquenta e nove anos e explica que suas vendas são incrementadas no período de festas, evidenciando o FICA, mas, narrou também sobre a que referência o Antigo Palácio Conde dos Arcos lhe remete:

> Assim....na época do FICA ficou bom pra vender....eu vendo mais atacado, mas na época de festa que eu vendo muito.
> Eu conheço o Museu da Boa Morte, o Museu da Bandeira.
> Lá no Conde dos Arcos tem um pote lá....foi minha tia quem fez ainda.... Na entrada. Cê já viu aquele potão lá? Foi minha tia que fez. Ela chamava Alzira. Morreu. Morreu faz muitos anos.[76]

Isto significa que o Antigo Palácio Conde dos Arcos é uma referência patrimonial, mas a remete à história de sua tia, como uma artesã

---

[76] Eva Carneiro dos Santos, artesã com cinquenta e nove anos de profissão. Entrevista realizada por Cristina Helou. Cidade de Goiás, abril de 2004.

valorada por seu trabalho, exposto na entrada do museu. No seu viver cotidiano, ela vê outros sentidos no museu, que não os evocados pela memória hegemônica, ainda que esta esteja entrelaçada a ela quando vê o museu como referência do patrimônio instituído.

Já Benedita Ferreira dos Santos, moradora próxima da chamada rodoviária nova, não reconheceu o Antigo Palácio do Governo como um local de visitação pública. Disse que nunca o visitou e acrescentou:

> Na Dona Cora eu ia muito! Mas quando não era museu. Ela ainda era viva, sabe? Lá embaixo tem uma árvore; uma bica e quando faltava água... a gente... eu trabalhava naquele hotel municipal que tem na beira do rio. [atual Hotel Rio Vermelho][77]

Voltamos a Cora Coralina! Benedita narrou sobre sua história de trabalho no passado, rememorando suas idas à casa de Cora, quando esta ainda era viva. Durante o diálogo ela não sabia onde ficava o Museu Conde dos Arcos, nem soube falar sobre outros museus, mas lembrou-se de Cora e sabe muito bem que hoje sua casa é local de visitação pública. Por aí percebemos a forma diversa com que cada morador se apropria ou não da memória da Cidade de Goiás como cidade patrimônio. Suas lembranças de Cora Coralina vêm de sua vida no trabalho, tornando importante a memória de Cora para sua trajetória na cidade. O sentido da casa de Cora é, para ela, muito mais da casa da moradora, poetisa, doceira, do que a de uma escritora tornada monumento da cidade. Mesmo assim, ela se inscreve na memória patrimonial da cidade, porque se coloca nas histórias vividas em torno da Cora personagem do patrimônio cultural de Goiás.

2.3. AS NARRATIVAS PRÉ-FICA — MEMÓRIAS E SIGNIFICADOS PARA A CIDADE HISTÓRICA ANTES DA OBTENÇÃO DO TÍTULO DE PATRIMÔNIO HISTÓRICO E ARTÍSTICO DA HUMANIDADE.

Os múltiplos sentidos atribuídos à cidade histórica se devem também e, sobretudo, às transformações da imagem da cidade para os moradores locais. Deste modo, as narrativas orais tendem a se transformar constantemente, apresentando permanências e ao mesmo tempo acrescentando novos elementos à memória da população. As pessoas

---

[77] Benedita Ferreira dos Santos, mora nas proximidades da chamada rodoviária nova. Por Cristina Helou. Cidade de Goiás. Julho de 2003.

tendem a reagir, criar, disputar espaços e expressam isto no momento em que narram sobre a cidade.

Neste sentido, o processo de construção da imagem de cidade histórica, está impregnado de significações que tendem a se transformar constantemente e dependem do movimento histórico no qual os moradores da cidade estão inseridos. As narrativas orais são, assim, expressões da dinâmica cultural, enraizada na realidade social. (KHOURY, 2001) [78]

É significativo notar que como expressões das experiências sociais vividas na disputa por espaço, por reconhecimento e melhores condições de vida, as narrativas estão carregadas do que é vivido, pensado e sentido pelos moradores da cidade.

Nas investigações realizadas na Cidade de Goiás entre os anos 1997 e 1999 este processo dinâmico de resistência e construção da cultura foi se revelando. Nas narrativas orais de moradores à época, tensões foram se descortinando, e a Cidade de Goiás, foi, em vários momentos, colocada como um contraponto à idéia de modernidade. Isto, porque em vários momentos, os moradores exaltaram as origens, aurífera e política, da cidade, chegando até mesmo a vê-la como uma referência da intelectualidade goiana. Justificavam aí, o não movimento da antiga capital – um dos motivos pelos quais Pedro Ludovico disse ser necessário mudar a capital para um local planejado e que pudesse se desenvolver.

Após a transferência da Capital da Cidade de Goiás para Goiânia, na década de 1930, desenvolveu-se um sentimento coletivo de mágoa, de abandono. Ora, à época que Goiás era a sede política-administrativa do Estado de Goiás, o fluxo de pessoas e o montante de verbas destinado à cidade garantiam-lhe um certo movimento. Mudando isto, a cidade sofreu transformações no seu visual, assumindo características de um espaço abandonado, porque vários prédios públicos ficaram vazios, bem como algumas residências de famílias que se mudaram para Goiânia em função de seus cargos em órgãos do governo. Além disso, disputas políticas entre o grupo político Caiadista (líder até a Revolução de 1930) e o grupo mudancista (líder após a Revolução e que idealizou

---

[78] No artigo "Narrativas Orais na Investigação da História Social", publicado pela Revista Projeto História de 2001, KHOURY explica: "a cultura não é pensada como curiosidade ou exotismo, mas enraizada na realidade social, impregnada de um sentido intenso, por meio da qual as pessoas se expressam, reagem, exercendo, ou não, suas possibilidades criativas, forjando os processos de mudança social." P. 80.

a transferência da capital, representado na figura de Pedro Ludovico Teixeira), acabaram por influenciar na construção dos sentimentos em relação à Goiânia.

Assim, a mágoa e a sensação de abandono foram recorrentes nas entrevistas realizadas em fins da década de 1990. Os moradores locais neste período de 1997 a 1999, estavam carregados da memória da mágoa, ainda que estes reconhecessem o caráter eminentemente político de Goiânia. Criada para ser capital, construída para ser moderna, Goiânia representou um contraponto à antiga Vila Boa de Goiás – uma cidade de origem colonial, oriunda do período do ciclo do ouro no Brasil, fundamentalmente religiosa católica.

Foi aí que se fundaram as narrativas sobre a cidade. Em diálogo com moradores da cidade à época, procurava saber o modo como a imagem de cidade histórica havia se forjado. Foi se construindo um discurso da resistência e a cidade que deixou de ser capital por ser "pacata", sem movimento e insalubre, (conforme discurso mudancista) passou a ser colocada em pauta na imprensa de jornais locais da própria cidade, como "o berço da cultura goiana".

As narrativas orais nas quais as pessoas rememoram o período da transferência da capital, são carregadas desta mágoa e desta resistência a Goiânia. Como um caminho para a sobrevivência da cultura local, a gênese urbana é valorada por eles, trazendo à tona a história da religiosidade católica e do apogeu político na cidade. Deste modo, a cidade que com a transferência da capital apareceu para as pessoas do local como o lugar do "abandono", do "parado", passa a ser significativa porque é a "raiz da cultura goiana". Formas de explicação para a transferência da capital foram apresentadas e a disputa política passou a ser um forte filão nessas considerações, como aponta, por exemplo, a narrativa de um morador, que à época da mudança da capital estava com doze anos de idade:

> Ele queria fica, [se referindo a Pedro Ludovico Teixeira] agora, ele quiria assim, fazê uma cidade como ele fez Goiânia, tudo alinhado (...) Tinha um povo aqui [os Caiado] uns ricaço, que era os chefe daqui de Goiás, gozava dele, dizia que ele num tinha capacidade de mudá uma capital (...) Diz que ele arrio um cavalo aqui e saiu....foi lá pra Campina.[79]

---

[79] Entrevista com L., que na época estava com doze anos de idade. Morador do centro histórico da Cidade de Goiás. Por Cristina Helou Gomide. Cidade de Goiás/GO, janeiro de 1998.

Justificando a transferência da capital para Goiânia, a desavença política se constrói como um veículo para valoração da Cidade de Goiás. Assim, o narrador não cita nenhum dos elementos negativos que compuseram o discurso mudancista que pautaram a mudança. Apenas fundamenta uma necessidade do novo governante em criar ou outro espaço de poder que não aquele dominado por outro grupo de poder. Daí, Goiânia, além de ter sido o resultado de uma revanche política, é também colocada como uma cidade criada para ser capital, com "casas alinhadas", contrapondo-se às construções de meias paredes e traçado irregular - características de uma cidade de origem colonial, como Goiás. Sobre isso, narrativas da época apontam Goiânia como uma cidade "mundana", desprovida de religiosidade, carregada de sentidos profanos e eminentemente políticos. Goiânia: acelerada, moderna, política, não pertencente ao âmbito da religiosidade goiana:

> Goiânia (...) é uma cidade bonita (...) Goiânia é uma cidade doida![80]
> A primeira pedra de lá foi do Palácio... num foi de Igreja nãaaaaaaaaaaaaaaaaaaaaaaaaaao![81]

Aceitando a transferência da capital e colocando-se como cidadãos da cidade histórica, grupos de moradores, principalmente os que compõem a burguesia do lugar, ainda estavam carregados da idéia de abandono[82]. Resistindo ainda à mudança e ao discurso de atraso que fundamentou a transferência da capital da Cidade de Goiás para Goiânia, outras narrativas questionam a necessidade do acontecido, argumentando que outras capitais têm as mesmas características da antiga Vila Boa de Goiás:

> Eu conheço uma capital rodeada de morro....Cuiabá, Mato Grosso![83]

A resistência como uma das formas de expressão das experiências sociais vividas na cidade desde a transferência da capital, é um mecanismo de defesa local e de necessidade de sobrevivência. Dispondo-se a alimentar o "mito de origem", a cidade de Goiás ganha, neste momento, um valor cultural, quando vista como "raiz da cultura goiana".

---

[80] Entrevista citada com L., Cidade de Goiás.

[81] Entrevista com V., á época da narrativa com idade entre 80 e 90 anos. Por Cristina Helou Gomide. Cidade de Goiás/GO, janeiro de 1998.

[82] No discurso mudancista, Goiás foi inscrita como uma cidade sem movimento (um marasmo), insalubre, abafada em função de estar localizada entre morros, com um crescimento populacional estagnado, não possuindo o perfil de uma capital do estado.

[83] Entrevista citada, com L. Cidade de Goiás.

Entretanto, outras formas vão se forjando; é quase infundado dizer que estes moradores não se entreteceram à construção da imagem de cidade histórica. Em oposição ao "marasmo" usado para desqualificar a Cidade de Goiás como apta a ser capital do estado, a "tranquilidade" é retomada de modo positivo, como uma característica de uma cidade de origem colonial exposta à visitação de turistas. Deste modo, o marasmo, antes negativo, hoje é visto como tranquilidade e qualidade de vida.

Sobre isso, Dona Noêmia, uma moradora com quem dialoguei desde 1998, é bastante enfática com relação ao movimento urbano após a transferência da capital, delineando, porém, que o movimento local já não se fazia de forma intensa:

> Aí virô um paradero... mas já era um paradero mesmo![84]

É significativo notar que a narrativa de Dona Noêmia faz alusão à cidade pacata, mas elucida que a cidade sempre fora tranqüila! Ora, ela explicou, em nossa conversa, que alguns comerciantes locais ficaram mesmo sem condições de sobrevivência, porque muitos moradores se mudaram pra Goiânia na época. Afinal, eram funcionários do Governo estadual e pessoas que desejavam novas oportunidades de vida. Entretanto, o "paradero" sempre existira e isso não lhe pareceu, neste momento, algo negativo. Vale lembrar que o primeiro FICA realizado na Cidade de Goiás, havia acontecido em junho de 1999. Um sucesso! Dona Noêmia havia sido homenageada por seu aniversário de 100 anos e logo após, convidada a participar da campanha de propaganda para a empresa TIM de telefonia.

Após o FICA, outros moradores, assim como Dona Noêmia, começaram a amenizar suas narrativas com relação à imagem negativa que faziam de Goiânia, e, a "tranqüilidade" da antiga Vila Boa de Goiás, antes percebida como algo pejorativo para eles, foi, processualmente sendo representada como "qualidade de vida": o turismo visto como uma fonte de renda mais eficaz. Esta imagem tendeu a se intensificar porque o governo de Goiás, com as Agências de Turismo e Cultura batalharam a conquista do Título de Patrimônio Histórico e Cultural da Humanidade e, em 2001 a cidade foi reconhecida pela Unesco como tal. No final do mesmo ano, uma enchente assolou o centro histórico de Goiás, provocando uma comoção entre grande parte de moradores da cidade assim como entre pessoas de visibilidade pública, como

---

[84] Dona Noêmia, 100 anos, moradora do centro histórico na cidade de Goiás. Por Cristina Helou Gomide. Cidade de Goiás, julho de 1999.

integrantes de órgãos de cultura e o próprio Presidente do Brasil - na época, Fernando Henrique Cardoso. Iniciava-se um outro momento na história da construção da imagem de cidade histórica para Goiás e, o Rio Vermelho, forte referência cultural para moradores e turistas visitantes da cidade, se tornou foco intenso de discussões na esfera da preservação ambiental e do patrimônio local.

… CAPÍTULO 3.

O RIO VERMELHO COMO REFERÊNCIA CULTURAL: MUITAS HISTÓRIAS E MEMÓRIAS... SOBREVIVÊNCIA, GÊNESE, TRABALHO... "AMOR E DOR"!

Este capítulo trata do Rio Vermelho como uma referência cultural para a Cidade de Goiás. Para tanto, está dividido em quatro partes. Em um primeiro momento, lendo-o conforme as representações de moradores locais; em segundo, o rio abordado pela literatura, sobretudo na visão de Cora Coralina – poetisa e moradora local; em terceiro, como referência para os veículos de comunicação, como jornais do estado de Goiás; e, finalmente, a catástrofe da enchente de 2001 do Rio Vermelho, retratada em cartões-postais.

O Rio Vermelho é hoje uma referência cultural para moradores da cidade de Goiás. O rio foi constituindo-se em referência cultural através das experiências vividas em torno dele, e com ele. A história da cidade calca-se na história da mineração praticada no Rio Vermelho. Da mineração surge o Arraial, caracterizando também um "mito de origem". Ao longo dos anos, o rio tem sido referência de "exageros" e de "sobrevivência", tendo sido citado durante muito tempo em relatórios de governo, Atas da Câmara, e manuscritos de época e também por viajantes europeus que passaram por Goiás. Nas narrativas orais de moradores locais, o rio aparece como parte de suas experiências sociais e, por isso, colecionam-se histórias sobre ele. À época da enchente de

2001, o Rio Vermelho tornou-se alvo não somente da imprensa televisiva e escrita, mas foi retomado também na literatura, e nas narrativas orais e revisto nas dimensões do lazer, trazendo memórias sobre o cotidiano nele vivido desde o período inicial do garimpo na colônia.

Presente nas narrativas orais e escritas, tais como a literatura local e a imprensa regional, as águas do rio têm sido, ao longo dos tempos, motivo de discussão, preocupação e admiração. Conhecido ora como lugar de lazer, expresso na lavagem de roupas, ora como lugar do trabalho, nas práticas de garimpo, ele é parte das histórias sobre a origem da cidade, no início do século XVIII. O rio, que corta a cidade e a divide em duas, é local fundante e vigente na vida das pessoas que ali residem e que o visitam. É também assunto jornalístico da atualidade e tem sido abordado na literatura sobre o local desde o século XVIII.

Durante o período que se estende do século XVIII ao XX, o rio foi retratado em manuscritos, relatórios administrativos da Província, nas imprensas oficial e regional, na literatura goiana e nas narrativas orais de moradores locais. Nestes registros, representações diversas estão expressas sobre o rio, tecendo-o, com o passar do tempo, como parte da dinâmica da história da cidade e de sua memória. No século XX, o Rio Vermelho aparece não mais somente como referência geográfica, mas como símbolo de experiências cotidianas vividas em Goiás: no lazer, no trabalho, na disposição física da cidade (cortada ao meio), nas enchentes.

Atualmente, o rio é focado pela imprensa goiana como símbolo do "caos" e da "gênese" urbana. É, por várias vezes, apresentado como referência patrimonial. Outras vezes, como causador de enchentes. Em outras tantas, é atrativo para discussões sobre problemas ambientais tão em voga no presente.

O Rio Vermelho é um fio condutor de várias práticas que vão povoando as memórias de moradores, de jornais, de textos literários, registros cartoriais, etc. A exemplo disso, tem-se o jornal "O Popular", uma das fontes de investigação aqui apresentadas. Este jornal é um dos veículos de imprensa da Associação Jaime Câmara (afiliada da TV Globo em Goiás), cujo ano I de publicação ocorreu em Goiânia, em 1938, logo após a inauguração oficial da cidade. Neste período, o jornal colocou em pauta um discurso de denúncia, mas também evidenciou a falta de infra-estrutura da cidade, estimulando em nosso imaginário a idéia de lugar do "atraso".

Na tessitura das memórias sobre a cidade de Goiás, o Rio Vermelho foi retratado de duas formas no jornal O Popular: primeiramente como parte da gênese urbana, do ciclo do ouro e da riqueza - como nos manuscritos e relatórios de governo dos séculos XVIII e XIX. Em seguida, o rio foi representado como "lendário", mas carregado de problemas que foram se agravando ao longo do tempo. Nas duas formas, alguns pontos em comum. Dentre eles, a experiência do garimpo, formulando uma memória que se entrelaçou com as enchentes que marcaram momentos históricos na cidade, comprometendo a integridade físico-arquitetônica do centro urbano. Nos artigos, pode-se ler sobre pontes derrubadas, lojas destruídas, casas caídas e morte.

Na segunda metade do século XX, com a tendência em ascensão de defesa do meio ambiente, reportagens de jornal defendendo a causa preservacionista abordaram o rio, seus problemas e belezas. O Popular esteve à frente das questões preservacionistas e patrimoniais no decorrer da história de construção da imagem da cidade histórica. A cidade viveu, em 2001, um problema público que também foi retratado pelo jornal: a cidade entre o "ser Patrimônio Mundial" e as enchentes do Rio Vermelho, que assolaram alguns locais do centro histórico de Goiás. Em 2001, ano em que a cidade havia conquistado o título de "Patrimônio da Humanidade", concedido pela Unesco, uma enchente assolou o centro urbano local. Vários locais foram destruídos pela cheia do rio Vermelho. A Casa de Cora Coralina, a Cruz do Anhanguera, lojas que estavam localizadas às margens do rio, partes do calçamento, casas de moradores próximas ao rio. Nas imagens sobre a cidade, os circuitos abertos de TV no Brasil, questionavam a possibilidade de "reconstrução" da cidade e lamentavam o acontecimento, sobretudo em função do título recém conquistado.

Várias pessoas do campo administrativo e políticos visitaram a cidade. Fernando Henrique Cardoso, então presidente do Brasil, e Francisco Weffort, então ministro da Cultura, foram alguns destes[85]. A

---

[85] O Projeto Monumenta é um dos exemplos de verba destinada à recuperação de sítios históricos, como foi citado em site http://www.cidadeshistoricas.art.br/hac/especiais/esp_goias_p.htm: "Goiás foi uma das cidades escolhidas na primeira fase do Projeto Monumenta, que financia a recuperação de sítios tombados através de empréstimos junto ao BID (Banco Interamericano de Desenvolvimento). Cerca de R$ 1,9 milhões devem ser destinados à cidade, que deve investi-los na restauração de monumentos, como o Antigo Mercado, o Matadouro e o Quartel XX, e na recuperação da área do rio Vermelho. Proprietários de imóveis tombados poderão

preocupação fundamental era: quando e como reconstruir o que foi destruído, visando à manutenção do título obtido[86].

Em artigos publicados pelo jornal O Popular em 2003, os temas "enchente, destruição e reconstrução" foram recorrentes. Neste processo, foi impressionante a prioridade que se deu ao "Museu e Casa Cora Coralina"[87] e à "Cruz do Anhanguera"[88] - fortes referências turísticas, na perspectiva da memória oficial, como já tratado nesta tese.

Apesar da importância desta discussão, o que é fundamental nesta interpretação é o modo como a imprensa valorou o evento catastrófico de 2001. A importância da conquista de um título como o obtido pela Unesco é inegável, mas remete a outras questões, como, as prioridades eleitas no processo de "reconstrução" e o modo como a imprensa as abordou.

Mapeando as histórias da cidade de Goiás e a forma com que o termo "reconstrução" foi inserido, pode-se perceber o privilégio atribuído a lugares, espaços, monumentos. Sobre isso, o jornal O Popular, fornece algumas pistas:

> Estão previstas para começar hoje as obras de recuperação do calçamento de pedra da cidade de Goiás. Afetado com a enchente que atingiu o município na entrada de 2002. há quatro meses já havia dinheiro depositado pela Eletrobrás, para custear parte da obra. Mas a prefeitura da cidade se

---

conseguir empréstimos para reformar suas casas." À época da enchente, parte desta verba foi empregada na reconstrução de parte da cidade arrebatada pela catástrofe. Estas informações do modo como estão aqui colocadas também podem ser acessadas através do *Folder* do Projeto Monumenta, amplamente distribuído nas cidades históricas brasileiras.

[86] Essa preocupação não se deteve somente aos órgãos públicos ou de representação política, mas, conforme muitas conversas com moradores, grande parte das pessoas compartilhou deste sentimento, mesmo que não tenham participado diretamente naquele momento.

[87] A casa foi transformada em Museu após a morte da escritora, em 1985. No dossiê elaborado para incluir a cidade de Goiás no conjunto de cidades tombadas pela Unesco, duas páginas foram destinadas a ela. Fotos da casa e de dois espaços internos (quarto e cozinha) foram anexadas. Conforme Andréa Delgado, Cora Coralina foi inscrita aí como "Cora-Monumento". Deu-se, efetivamente, a apropriação da poetisa no circuito turístico da cidade de Goiás, enquadrando-a – e à sua casa – aos *folders* turísticos e à trajetória da cidade. Ver DELGADO, Andréa (2003).

[88] A Cruz do Anhanguera foi construída em 1917, pelo Dr Goiás d Couto. Em 1967 ocorreu, na cidade de Goiás, uma festa em comemoração à implantação do monumento. Ver, DELGADO, Andréa (2003)

recusava a dar a autorização, com a exigência de um planejamento detalhado das obras para evitar transtornos aos moradores das ruas afetadas. Hoje o prefeito Boadyr Veloso escolhe por onde as obras podem ser iniciadas. as obras estão sob a responsabilidade do Museu e Casa Cora Coralina. Conforme a diretora, Marlene Velasco, o trabalho começa imediatamente. (...) A reconstrução do calçamento é considerada vital no processo de recuperação da cidade, que correu o risco de perder o título de Patrimônio da Humanidade concedido pela Organização das Nações Unidas para a Educação, Ciência e Cultura (Unesco). (...) As pedras, que são do tipo gnase (rochosas), serão reaproveitadas, mas se for necessário reposição, as novas serão do mesmo tipo.

Dos Locais em que o calçamento foi reconstruído após a enchente de 2001, constam:

> Rua Professor Ferreira – onde todas as casas são do século 18;
> Beco do Sócrates – sai da Praça do Chafariz e acaba no Largo da igreja de São Francisco;
> Beco Vila Rica – passa nos fundos da Casa de Cora.
> Rua Eugênio Jardim – Casa do século 18. Em uma, residiu o escritor Professor Ferreira. Também abriga o sobrado onde funcionou o primeiro consulado da Alemanha e o primeiro fórum de Goiás. Era chamada de Rua das Relações;
> Cecos do Mingú, do Sertão, de Ouro Fino – todos eternizados nos poemas de Cora Coralina;
> Travessas da Rua do Horto – sai em frente ao quartel da Política Militar. [89]

No artigo do jornal O Popular sobre a reconstrução, o centro histórico é a grande referência. Isto, claro, porque foi ali o local no qual se constatou maior devastação. O calçamento do centro histórico ficou comprometido, e, com ele, o título recém-obtido. Esse receio assombrou as expectativas de pessoas ligadas a esse processo. Verbas de diversas partes foram cogitadas, outras foram obtidas. Pessoas foram indenizadas. A construção de prédios comerciais antes localizados às margens do rio foi proibida. Também o poder público e órgãos de iniciativa particular, como o Museu e Casa Cora Coralina foram, apontados na narrativa impressa, como se pode observar a seguir:

> ... o prefeito da cidade de Goiás esteve em Goiânia acompanhando o trâmite de um pedido de recurso ao governo estadual. O dinheiro é para ajudar na desapropriação de mais de dez imóveis, onde funcionava o antigo mercado da cidade de Goiás. Boa parte das construções desabou com a enchente e hoje o que se vê no local são escombros que destoam de uma

---

[89] Jornal O Popular, 6 de maio de 2003, "Começa a Recuperação de calçamento de Goiás." Arquivo O Popular, Pasta Cidade de Goiás, pesquisa de julho de 2005.

cidade com título de Patrimônio da Humanidade, além do descontentamento dos proprietários dos imóveis e dos moradores vizinhos.

A intenção da prefeitura é demolir o restante do que sobrou das lojas comerciais que funcionavam no antigo mercado. O local acabou condenado pela Defesa Civil. A área é considerada de risco porque está bem à margem do Rio Vermelho, portanto sujeita a sofrer as conseqüências de novas enchentes.[90]

A narrativa impressa está carregada da história da "reconstrução", mas, sobretudo, aponta o "caos" do evento das "enchentes". Nessa análise, senti falta da fala de pessoas comuns, e me perguntei: como essas questões se apresentam para os moradores comuns?

Como por exemplo, para Arquimino, já mencionado anteriormente, no capítulo 1. Passei então a interpretar a narrativa de gente que moram em outros lugares que não o centro histórico. A procura do significado que o rio possui para eles, encontrei informações interessantes.

Em diálogo com um casal de moradores do Bairro de Sant'Ana, outras experiências vividas durante o evento da enchente de 2001 vieram à tona. Em algumas delas, narrativas carregadas de "consciência política" e de um sentimento de pertencimento à cidade. Maria Lúcia e Luis Antônio narraram o acontecido trazendo da memória coisas que lhes chamaram a atenção e das quais se sentiram parte. Isso não significa dizer que "reconstruíram", junto com "pedreiros e especialistas" prédios e calçamentos, mas implica em entender como se sentiram participantes disso[91].

3.1. O RIO VERMELHO PARA OS MORADORES DA CIDADE DE GOIÁS

O rio faz parte da memória dos dois narradores, pois é parte de experiências vividas, ou na infância, ou por pais e avós, ou até quando adultos. Os entrevistados trazem em suas narrativas a memória do trabalho com o garimpo e da lavagem de roupas no rio. Rememoram outras enchentes, com as quais não conviveram, mas sobre as quais

---

[90] Jornal O Popular, 6 de maio de 2003, "Começa a Recuperação de calçamento de Goiás."
Arquivo O Popular, Pasta Cidade de Goiás, pesquisa de julho de 2005.

[91] Entrevista realizada em 5 de Abril de 2004, no Bairro do "Chupa Osso" (Alto de Santana), bairro periférico pobre da cidade de Goiás. Por Cristina Helou Gomide. Entrevistados: Maria Lúcia e seu esposo Luiz Antônio.

ouviram seus antepassados falarem[92]. O evento de 2001, ou a memória da enchente, é parte de experiências vividas em torno do rio.

Dialogando sobre a cidade, o tema da enchente surgiu. Foi em diálogo com os dois que comecei a me perguntar o que representavam as águas do Rio Vermelho para os moradores da cidade. Nas narrativas de Maria Lúcia e Luis Antônio, experiências compartilhadas são subjetivadas. Quando em diálogo com os dois, em 2003, perguntei sobre a enchente de 2001:

> Luiz Antônio: Nossa senhora, que horror! Maria Lúcia: Acabou lá no centro.
> Maria Lúcia: Deixa eu ver, foi...... no carnaval já veio né [os turistas]
> Luiz Antônio: Na época, que começou, quando tava a enchente mesmo, ficou sem vim, teve alguma festa. Eu num lembro mais. As festa mais.
> Maria Lúcia: Foi no carnaval, mas logo.... na enchente, logo foi em dezembro. Foi logo quando era carnaval.
> Luiz Antônio: Num vei tanto turistas na época assim. É porque ficou com medo, né. Vendo no jornal. Eles pois no jornal. Mas tinha que apresentar mesmo, porque isso tinha acontecido na cidade. Aí o pessoal ficava com medo. Que vai, ficar com medo de adoecer, né, pegar alguma doença e tal.... que ... Mas isso, eu acho que não vem a caso, eles faze isso. Mas, conseguimos arrumar a cidade na época e até que ajudou muito né, porque teve muita gente a favor do Prefeito na época, ajudou ele.
> Um horror né. Horror que muitas gente que ajudou ele. Só porque a cidade ainda ta a desejar né. Muita gente deixou disso pra vê aí, pra saber direitinho, porque tem muita coisa aí que não foi, que não ta organizada, igual era pra ser.

A enchente alterou a rotina das pessoas na cidade. Modificou a dinâmica de visitação turística, trazendo à tona, inclusive, a curiosidade de visitantes sobre a catástrofe. O modo como Luis Antônio associou a enchente às práticas turísticas é significativo, porque anunciou o modo como suas experiências estavam vinculadas ao que legitima a cidade como integrante do patrimônio nacional e internacional. A cidade, afinal, precisava ser re-construída para continuar aquilo para o que estava se direcionando. Nesse sentido, às vezes criticam a atuação pública não somente com relação à enchente de 2001, mas também no que se refere às práticas turísticas. Ambas vivem a cidade no presente, carregada de uma memória de "cidade histórica" ali construída.

> Luiz Antônio: algumas pessoa de lá, ainda tem muita gente que fala que ainda tem muitas coisa que não fizeram pra eles ainda, né. Tem muitas

---

[92] Sobre essa Memória vivida "por tabela" ver POLLACK, Michel.

casa que não foi organizada, perdeu muitos material, mais tem ainda casas pra ....

Na memória da enchente, o trabalho foi comumente abordado e valorado por ambos. As memórias do trabalho são trazidas com "importância e pesar." Quando Maria Lúcia lembrou: "eu trabalhava nela"- naquela loja – se sentiu ligada àquele momento porque compartilhou a experiência da enchente, o "caos", a "destruição".

Já afirmou Alessandro Portelli (1996), que "a História Oral é a ciência e a arte do indivíduo". Nenhuma narrativa pode ser igual a outra e todo narrador se constitui numa fonte em potencial. Entretanto, isso não implica em pensar que o resultado do diálogo entre pesquisador e narrador seja desvinculado da experiência social compartilhada. Com meu interesse em compreender como uma cidade patrimônio é vivida e interpretada por seus moradores, o modo como vejo os fatos e crio meu texto, se entrelaça ao modo como o narrador tece sua fala. (PORTELLI, 1996) Acompanhei a narrativa da destruição:

> Maria Lúcia: Tinha, tinha. Em frente o mercado ali, tinha umas loja, tinha artesanato. Luiz Antônio: Tinha. Aquelas loja ali de frente, aquele primeiro artesanato de onde lá derrubado. Lá tem um espelho lá, ali era a loja que eu trabalhava nela na época com seu Eurico, né, era um turco ele. Então, eu trabalhei com ele muitos anos ali. Depois ele vendeu e passando de família né, e até, mas todo ano essa enchente tem. Ela existe ela aqui.

Enquanto me encarregava de motivar o diálogo, Maria Lúcia lançou um elemento importante de memória. Definiu um calendário das cheias do rio e cronologizou a "catástrofe". Quando o fez, mostrou o modo como o rio estava ligado às experiências vividas na cidade:

> Maria Lúcia: É em 10 em 10 anos. Pode escrever! Daqui 10 anos, tem outra enchente. Luiz Antônio: Elas vem com violência.
> Toda vida veio daquele jeito. Agora ali é o seguinte: porque ali eles tão tomando a frente, ali é o lugar da água parar, não é lugar de fazer nada.
> Maria Lúcia: Só que é a primeira vez que tem, esses desastre aí, que derrubou essas (....) aí.
> Luiz Antônio: Da outra vez, derrubou, chegou até derrubar, encher d'água. Não muito, igual essa veis. Dessa veis, foi pra valer.
> Cristina: Nesse ano, choveu muito também, né? Luiz Antônio: Choveu.
> Maria Lúcia: E não teve enchente!
> Luiz Antônio: Mas é engraçado, eu acho que isso tem a época né. Bom, eu penso assim. Porque já teve outras.... Eu tinha mais ou menos uns 13 anos quando teve, que eu lembro da primeira. Eu trabaiava com meu irmão. Ele perdeu tudo! Não só ele, não só o moço que trabaiava com ele.... Ele......

A memória sobre a enchente foi sendo construída por Maria Lúcia. Quando ela narrou sobre o tempo de enchente: "de dez em dez anos......", criou marcos e sedimentou o Rio Vermelho como referência cultural, como parte de suas experiências vividas, das histórias escutadas.

Na narrativa de Luis Antônio, outras lembranças vieram à tona. Lembrou, quando criança, objetos perdidos em outros momentos de chuva forte na cidade, objetos que foram levados pelas águas bravias em dias de tempestade. Falou sobre outros momentos de destruição, mostrando que a história da destruição em função das chuvas já acontecia havia tempos. Interessante foi que quando narrou sobre 2001, não citou nenhum conhecido, parente ou amigo próximo que tivesse feito parte direta do processo. Mas quando falou sobre a enchente que presenciou aos 13 anos, foi como se inserisse suas experiências vividas ao processo atual de discussão sobre a destruição do urbano pelas águas.

Senti-me à vontade com a conversa e comecei a fazer questionamentos sobre a política local, indagando sobre o apoio da prefeitura à comunidade atingida pela enchente. Luis Antônio estava carregado de uma consciência que conhecia os perigos do lugar. A cheia, para ele, não era somente uma ação da natureza, mas também dos moradores locais. Sua preocupação, mais voltada para o trabalho do que para a depredação de fato, remete muito mais às necessidades daqueles que poderiam ficar sem o seu "ganha pão" do que ao evento propriamente dito.

> Luís Antônio: Tinha muito comerciante lá que perdeu tudo. Porque veio uma madeira tão grande e entrou na porta (...), que ali, tinha uma porta daquelas.....
> Maria Lúcia: Eu lembro.
> Luiz Antônio: Bateu nela, ela levantou encheu d'água e foi, aí, foi alagando as casas que tinha pra baixo. Todas. Lá só tem uma, ce viu lá né. Só tem uma casa lá, porque tá na justiça ainda, até hoje. Então, o Baldino, não teve como, porque a, o Baldino, queria tirar aquilo ali da beira do rio. Agora, as pessoa que fez ali, ficou muitos ano. É 25 anos, tem mais, eu acho que tem mais. As pessoa que trabaiou ali, que vendeu ali muitos objetos né, roupa, calçado, até..... eles tinha condições de fazer uma loja noutro local e deixar o rio sem aquelas coisa. Então, eles queria que o Baldino assumisse, arcasse com essas coisa que perdeu. Mais isso aí, não é culpa do prefeito também né; Tem que dá um desconto porque não é culpa dele! Isso aí foi o rio e as pessoa, todo mundo que trabalhou ali, sabia dessa, já tem a noção que ia perder. Já tinha perdido outras veis, porque que não ia perder agora? Então, foi perdendo.

Mas nunca procurou fazer longe, noutro local. Eles tão querendo aquele chão. Eles disse que não vai sair. Tem muita gente que ta na justiça ainda. Um perdeu, outros não. Não é que perdeu, é que abandonou. Falou: "Não isso ai, já perdi muitas coisas aqui mesmo, num vô quere fazer mais".
A prefeitura, entrou na justiça também, né. Pra ele sair.....Ai eles, falou: "vamo ganhar a causa né". Agora tem um que esse que ta lá, parece que é um restaurante. Só que ele foi; a lei num foi daqui né. Acho que foi de Brasília. Agora ta na justiça de Brasília e esse mão conseguiu dirruba. Mais as outras casas aqui, foi dirrubada. Porque o povo aceitou. Perdeu né. Já se deu como perdido e não quis criar caso nenhum.

Trata-se de uma disputa por espaços na cidade. Não são espaços geográficos, mas de pertencimento. Maria Lúcia e Luis Antônio nasceram na região. Sempre viveram por lá. Maria Lúcia estava desempregada e ele, como servidor contratado pela prefeitura, com salários atrasados em função da troca de governos. Assim, além das discussões sobre as causas da destruição, eles também, movidos pelo que estavam vivenciando, enfatizaram a problemática do trabalho para os que foram atingidos pelas águas.

Muitas pessoas viveram o fato. O mesmo evento foi valorado de diferentes formas. Nestas histórias, representações diferentes podem traduzir uma época.(PORTELLI,1996) Esta reflexão tem um sentido.

Quando saí da casa de Maria Lúcia e Luis Antônio, caminhei pelo bairro. No dia seguinte fiz o mesmo e cheguei até o senhor Arquimino – também morador do bairro Alto de Santana. Em diálogo com ele, também perguntei sobre como ele via o acontecimento da enchente de 2001. Na narrativa de Arquimino, a cidade histórica começa a se configurar como um espaço distante de sua vida cotidiana, adentrando à questão de como é vivida a cidade patrimonial para diferentes nichos sociais.

C: E como foi a história da inundação aqui? Aquela chuva toda?
A: Olha, isso eu num sei nem te contá. Porque isso foi pra lá, a gente tá pra cá! Quais num andamo. Eu assisti a enchente eu assisti. No dia da enchente eu tava lá. Mas cabô eu passei pra cá, vim embora, eu num...... De lá eu num sei contá nada não.
C: Isso mudou alguma coisa aqui?
A: Por enquanto aqui é isso mesmo. Não....., tem esperança.[como quem espera algo][93]

---

[93] Narrativa de Arquimino Batista dos Santos. Cidade de Goiás/GO, bairro Alto de Santana, 06 de abril de 2004, terça-feira à tarde. Entrevista realizada por Cristina Helou Gomide. Esta discussão já foi efetuada no capítulo 2. Entretanto, no capítulo 3, tem o intuito de abordar o Rio, em específico e por conseguinte a questão da enchente.

Em diálogo com Arquimino procurava saber sobre o modo como os moradores do bairro vivenciavam o turismo e a criação da imagem de cidade histórica. Como escutei da maioria dos moradores com quem conversei no Alto de Santana, ele também falou sobre problemas do bairro, como se eu pudesse me tornar uma porta voz das questões. Entretanto, quando falamos sobre a enchente, cheguei a imaginar que o narrador não nutria nenhum sentimento em relação ao acontecido. Percebi que seus interesses estavam no bairro, em sua vida cotidiana, sua trajetória, numa tentativa de reconhecimento do espaço em que ele vive e pelo qual ele batalhou.

Em diálogo com Arquimino, esperei a mesma energia obtida no diálogo travado com Maria Lúcia e Luís Antônio. Entretanto, com necessidades presentes diferentes, com trajetórias vividas diversas, compartilhavam a mesma cidade, mas em lugares e perspectivas diferentes e construindo experiências variadas em relação a fatos comuns. São experiências do presente em processo, que, de alguma forma, se entretecem às experiências passadas, constituídas em memórias.

Experiências vividas ao longo do tempo e que se construíram de diferentes formas, constituíram histórias e memórias sobre o rio. Nelas, imagens criadas em torno da gênese urbana, trazem também uma trajetória do "caos". Na literatura local, ou na imprensa ainda dos séculos XVIII e XIX, isto está evidente.

Pode-se ver, ainda no século XVIII, que a "Notícia Geral da Capitania de Goiás, de 1783", publicou um texto sobre uma forte enchente, ocorrida em 1782. Nele, há o relato de que a enchente foi provocada pelas cheias do Rio Vermelho, assolando a então Vila Boa de Goiás e suas construções urbanas dos arredores do rio. No texto, o Rio Vermelho aparece como embrião da história local, além de pivô da "tragédia".

Consecutivamente, o texto traz o termo "monumentos" para apresentar as edificações oficiais e religiosas da então Capital da Província:

> Vila Boa é a Capital desta Capitania. Está situada em uma baixada do rio Vermelho, cuja corrente a divide quase em duas parte iguais, e se comunicam seus moradores por 3 pontes de madeiras, destruídas inteiramente pela força de uma grande cheia do dia 9 de janeiro de 1782 (...) Seus monumentos mais decantados são: a grande Matriz, fundação do seu princípio, a Casa de Fundição, obra do Senhor Conde dos Arcos, a forte e vistosa Cadeia e Casa de Câmara do Governo do Senhor João Manoel de Mello. A Contadoria e fonte pública do tempo do Sr. Barão de Mossâmedes. O

passeio público e a bem fundada Casa dos Açoures, no Governo do Senhor Luiz da Cunha Menezes, o mais desejoso de a beneficiar. Tem, além da Matriz, seis Capelas: Nossa Senhora do Rosário, da ao Morte, da Lapa, do Carmo, São Francisco de Paula e Santa Bárbara.[94]

É importante perceber a presença do termo "monumento", pois eram assim designadas as edificações de caráter religioso católico e as construções destinadas à administração da Província. Evidenciaram-se, assim, como "monumento", prédios que determinavam autoridade e poder, colonização e religião.

Ainda que no mesmo texto da "Notícia geral da Capitania" o Rio Vermelho não apareça como integrante dos monumentos, tem-se nele, desde o surgimento do Arraial, uma referência significativa.

Do movimento em torno do rio, surgiram as primeiras edificações. Às suas margens, construíram-se as primeiras casas. Próxima a ele, a Matriz de Sant'Ana. Não é por um simples acaso que o Rio Vermelho tenha se constituído numa referência de experiências vividas pelos moradores locais ao longo do tempo. É significativo, neste sentido, compreender o modo como várias representações sobre o rio foram se constituindo e a forma como estas representações têm composto memórias sobre a cidade.

Ainda nos textos escritos no século XIX, o rio aparece como parte da gênese da cidade. Por exemplo: o surgimento da Casa de Fundição no século XVIII, que mostra que existia, além de uma forte expectativa de obtenção de outro através do garimpo, a constituição de uma prática cotidiana de trabalho durante, sobretudo, o período colonial no Brasil. Isto pode ser percebido em algumas obras de autores de época. Nas obras de Luiz Antônio da Silva e Souza, as águas do Rio Vermelho ganharam especificidade e se tornaram referência das práticas de coleta de ouro desde o período colonial. O autor, conhecido por ter sido professor e escritor, foi um "misto de intelectual, padre, político e escritor (...) foi quase sempre ocupante de cargos relevantes nas esferas político- religiosas." (CHAUL, 1998, p. 05)

Em função disso, em 1812, Silva e Souza escreveu, por solicitação da Câmara de Goiás, o livro "Memória sobre o Descobrimento, Gover-

---

[94] NOTÍCIA geral da Capitania de Goiás em 1783, Rio de Janeiro, Biblioteca Nacional, Seção de Manuscritos, Códice 16.3.2. in PALACIN, Luis; GARCIA, Ledonias Franco; AMADO, Janaína. História de Goiás em Documentos – Colônia. Coleção Documentos Goianos n. 29. Goiânia: UFG, 1995, p. 47. Interessante notar que essa narrativa se assemelha à adotada nos *folders* turísticos analisados primeiro no capítulo 1 deste trabalho.

no, População e Coisas mais Notáveis da Capitania de Goiás"(TELLES, 1998, p. 38). Apontando o surgimento do Arraial, ele fez alusão ao apogeu e à decadência das práticas garimpeiras no rio, tendo vivenciado muitas coisas das que descreveu. É o que explica o literato goiano, José Mendonça Teles, ao referir-se ao autor.

> Chegando a Goiás em fins de 1790, com apenas 26 anos de idade, LUIZ ANTÔNIO DA SILVA E SOUZA viveu 50 anos entre nós. Foi testemunha do processo de decadência das minas que se abateu sobre a Província. Testemunhou a pobreza que se arrastava pelas vilas e o desalento de um povo que nada sabia fazer, a não ser cavucar ouro. Via, aterrorizado, o desespero de uma população, até então otimista e confiante, a empobrecer-se a cada dia, entregando-se aos excessos da pilhagem e da ociosidade, num processo irreversível de deteriorização social. (TELLES, 1998, p. 27)[95]

Como um escritor do século XIX, Silva e Souza apresentou elementos importantes sobre o rio Vermelho e seu significado para a cidade naquele período. "Um povo que nada sabia o que fazer, a não ser cavucar o ouro." Essa é uma citação fundamental, que conduz à significância do Rio Vermelho no trabalho de garimpo da época, constituindo parte do cotidiano vivido entre os ali residentes. Em seu texto, o Rio Vermelho é parte do traçado e é também protagonista de acidentes causados pelas cheias em época de chuva. Em meio ao discurso de "deteriorização social", conforme apontou José Mendonça Teles (1998), Silva e Souza apresentou, muitas vezes, a agricultura como prática alternativa para a sobrevivência da população.

Repetidas vezes, outras obras e citações sobre o Rio Vermelho apareceram nos documentos sobre a história de Goiás no século XIX. Em 1886, Antônio José da Costa Brandão, apesar de não nascido em Goiás, escreveu, em forma de manuscrito, o "Almanaque da Província de Goiaz" no período em que residiu na cidade. Nele, mais uma vez o Rio Vermelho foi instrumento fundamental de apresentação da antiga capital da Província:

> Esta cidade está situada nas encostas de duas montanhas que formam um pequeno Valle atravessado pelo Rio Vermelho e o córrego Manoel Gomes...(BRANDÃO, 1978, p. 109)

---

[95] Sobre isso, ver: TELES, José Mendonça. Vida e Obra de Silva e Souza. Documentos Goianos. N.º 31. 2ª edição. Goiânia: UFG, 1998.

3.2. O RIO VERMELHO PARA CORA CORALINA: UMA VISÃO POÉTICA

Escrevendo já no século XX, Cora Coralina, como escritora goiana, volta ao século XIX, referindo-se ao Rio Vermelho e atribuindo outros sentidos a suas águas. Seus textos escritos tendem a "viajar no tempo", desprezando a linearidade da história cronológica.

Lendo as narrativas escritas por Cora Coralina, interpreto aqui as experiências vividas pela autora,[96] que rememorou o passado, valorizou-o, apresentando a arquitetura moldada pelas mãos dos escravos, citou igrejas, edificações que orientaram a noção de patrimônio vigente na época, reforçou a memória urbana e foi reconhecida como parte da história local justamente pelo modo como trouxe o passado da cidade.

A obra de Cora Coralina é uma das várias representações sobre o urbano patrimonial e traz, para além de indícios historiográficos, por meio do olhar da autora, o trabalho das lavadeiras, histórias contadas que fazem parte do imaginário social e as experiências vividas em torno das águas do Rio Vermelho.

Trazido como parte do "mito de origem", o Rio Vermelho foi constitutivo das histórias da cidade, por ser referência geográfica, por abrigar práticas culturais, pelas histórias de tragédia... tornando-se referência para a denominação de bares e hotéis. Exemplo disso é o "Hotel Rio Vermelho" – um pequeno e tradicional hotel local.

Deste modo, o Rio Vermelho é trazido por diferentes narrativas, expresso por diferentes linguagens, abordando coisas diversas. Interpretando os textos de Silva e Souza e de Brandão, compreendi os modos como o rio se inseriu na cultura da cidade, sendo colocado como referência importante do trabalho de garimpeiros e lavadeiras, além de delinear o traçado da cidade, surgida justamente, conforme as narrativas, do período do ciclo do ouro em Goiás. O rio tem feito parte do processo de construção do espaço urbano hoje considerado histórico, referência na história da gênese urbana, fazendo parte da dinâmica histórica e dos processos vividos no presente, constitui-se como parte fundante de muitas histórias sobre a cidade nas diferentes épocas.

---

[96] Escolhi Cora Coralina por ser uma escritora de origem goiana, nascida na Cidade de Goiás, cuja trajetória de vida é marcada por seu retorno à cidade na década de 50 do século XX, período no qual aconteceram os primeiros tombamentos no local.

Na obra de Cora Coralina, outras memórias sobre as "mesmas" histórias são apresentadas. Tem-se a sensação de que o rio é uma extensão da janela de sua casa, tornando-se, portanto, constituinte de sua história de vida, e, por isso, criando outras formas de abordá-lo. Sua narrativa remete à construção de uma história de pertencimento, o que a diferencia de outras sobre o rio.

O rio é mencionado junto a outras referências que fazem parte da vida da autora. Cora incorpora valores hegemônicos que orientaram o SPHAN na década de 1950 em Goiás, reforçando histórias e memórias de Goiás; apropriando-se também da historiografia goiana produzida até então. Exemplos disso são os enfoques dados pela autora na construção de sua narrativa escrita.

A autora realimentou referências em torno do rio, focando o rio dos bandeirantes paulistas, o da mineração, o dos escravos e das lavadeiras. Trouxe, com sua obra, outros sujeitos e reconstruiu, em seu texto, seu pertencimento à cidade. Ao mesmo tempo, realimentou valores da historiografia local, e foi ao encontro dos valores de preservação e patrimônio vigentes nas décadas de 1950, 1960 e 1970 (BENJAMIN, 1994, p. 167)[97]. Retomou a história das bandeiras paulistas, do ciclo do ouro, das igrejas e dos ritos vividos no local desde a Colônia: "A força da terra e das raízes que me chamavam se sobrepôs a todos esses afetos familiares....fui ficando....o melhor lugar pra eu viver era a minha terra."[98]

Inspirada nas reflexões já efetuadas por Alessandro Portelli (2004), compreendi que as narrativas de Cora se tornaram um veículo de volta às experiências vividas, pois, "contar uma estória é tomar as armas contra a ameaça do tempo, resistir ao tempo ou controlar o tempo."(PORTELLI, 2004, p. 296) Trata-se de marcar momentos vividos através da memória. Neles, o Rio Vermelho se torna uma ponte para a construção de seu re-pertencimento à cidade, uma vez que é fundante nas experiências vividas socialmente e subjetivadas. A ponte edificada sobre o Rio é quase defronte a sua casa, conduzindo-a à construção de uma narrativa

---

[97] Em função da luta pelo espaço, na construção do "pertencimento social", Cora referia-se ao passado distante carregado do "agora". Seu texto é marcado pelo ir e vir no tempo da memória, carregado de necessidades do presente.

[98] ESPECIAL LITERATURA CORA CORALINA. Apresentado pela televisão Brasil Central, em 1985.

A autora voltou à cidade onde nasceu em 1956, vasculhou sua memória em busca de suas referências primeiras e valorou suas lembranças, casando-as com as necessidades patrimoniais oficiais vigentes naquela época.

que explora a imagem que ela teve na infância, na juventude e que retoma quando ela retorna a Goiás, para ali residir novamente. Exemplo disso é o "Cântico de Volta" escrito pela autora quando retornou a Goiás.

> Velha casa de Goiás (…)
> Valiosa e interessante essa madeirama pesada que escravos lavraram e estas pedras manuseadas por gente rude e estes muros e beirais anacrônicos.
> Relembra Bandeiras e minerações passadas. Muita lenda de ouro remanescente, que os antigos enterravam na espessura dos paredões socados.(…)
> Sobrevive aqui, ainda e sempre, o mesmo determinismo histórico que fez viver e florescer, dentro desta muralha de serras e rodeada destas águas vivas, uma autêntica civilização que, no enluramento de dois séculos, se considerou um dia madura e apta para se mudada, sem se esfacelar, deixando ainda, para os pósteros, raízes fortes e sementes fecundas.(…)
> Com a expansão de Goiânia e com a possibilidade da mudança da Capital Federal para o planalto, Goiás será, sem dúvida, um centro de turismo, dos mais interessantes do país. (…)
> Assim compreendam seus assistentes e responsáveis, impedindo, em tempo, maiores atentados ao seu feito característico e tradicional que merece ser inteligentemente resguardado.(CORALINA, 2003)

A "casa velha da ponte", cujas janelas estavam defronte ao Rio Vermelho, apresenta-se em seu texto como um espelho que lhe fornece caminhos às lembranças do passado, às histórias escutadas e às vividas. A autora resiste ao tempo e o controla quando narra sobre a "madeirama pesada que os escravos lavraram", pois falou da casa, carregada de histórias do passado, local em que viveu e vivia naquele momento, casa construída pelos escravos num passado distante; reforçou uma história e anunciou o movimento vivido na cidade natal quando diz "relembra Bandeiras e minerações passadas"; apresentou ao leitor, o "enluramento[99] de dois séculos" como elemento de permanência na trama da história local e anunciou a transformação "com a expansão de Goiânia e com a possibilidade da mudança da Capital Federal para o planalto[100]".

Com o "Cântico da Volta" Cora apresentou o ambíguo tempo do progresso que os tombamentos efetuados na década de 1950, pelo SPHAN, trouxeram em forma de expectativa. Diz ela, à época, que "A cidade vai num anseio de valorização e progresso que sacode e empolga todo o Estado." (CORALINA, 2003)

---

[99] Sinônimo apresentado na obra citada: isolamento.

[100] Esse olhar de Cora Coralina é aqui interpretado tendo na autora umas das representações sobre Goiás, atualmente fortemente vinculadas à noção de patrimônio e turismo na cidade.

As expectativas daquele momento iam ao encontro da necessidade de progresso, uma vez que ele significava reconhecimento de uma história pautada em valores políticos hegemônicos. Administrativamente, a Cidade de Goiás parecia necessitar de outros reconhecimentos, que não os políticos, vigentes até a década de 1930, quando ainda era capital do estado de Goiás. O "progresso" apareceu, então, como possibilidade do "vir-a- ser". Isto significa que a ação do SPHAN, como um órgão representante do governo federal, agindo na esfera estadual, abria as portas para o fim do "enluramento", como denominou Cora Coralina, no "Cântico de Volta". Interpretando dessa forma, "progresso" significava preservar[101].

Escrito num momento em que igrejas e edificações administrativas haviam sido tombadas pelo SPHAN, o "Cântico da Volta" representou os conflitos do tempo vivido e da história construída e valorizada até aquele momento. Exaltando o progresso futuro por meio do turismo, viu no passado, energias para o presente. Isto ocorre porque o presente se revitaliza com o enaltecimento do passado, fato que ganhou sentido e significado para a autora e foi com base neste diálogo que a cidade adquiriu vida em sua obra. Isto se expressa nas representações sobre o urbano vivido, quando Cora Coralina se reporta às águas do Rio Vermelho:

> Ouço as lavadeiras do rio Vermelho...
> Vejo, metidas n'água, as tradicionais mulheres da terra. Cafusas, morenas, trigueiras e retintas, de idade indefinida; têm a seu cargo fazer limpa a roupa suja da cidade (...)
> Quando de tarde, atravessam as ruas, grandes trouxas alvacentas, equilibradas nas trunfas, têm um cheiro infante e gostoso de gente limpa, água e sabão.
> Batem roupa o dia todo, à moda antiga, acompanhando com o compasso do tempo o ritmo da correnteza. (CORALINA, 2003)

"O compasso do tempo o ritmo da correnteza". As águas do Rio Vermelho têm semelhança com o tempo vivido. "À moda antiga", o tempo lento da permanência convive com a preservação de prédios históricos e ruas da época da escravidão em Goiás, não porque foram assim reconhecidos, mas porque são representações do diálogo com o tempo. Na

---

[101] Lembrando que o conceito de preservação tem um sentido próprio à época na cidade de Goiás. Preservar significou ser reconhecida e movimenta-la de alguma forma.

correnteza das águas estavam também as imagens do cotidiano vivido pelas lavadeiras, assim como por mineradores[102].

Em seu retorno, "velhas" formas se tornaram presentes, e as águas do rio traduziram esse movimento que voltava a ser vivido em Goiás. No retorno, o movimento das águas estava carregado de lembranças da "casa velha", de permanências sobre a "pacatez" da cidade, de recordações sobre as águas bravias em época de chuva.

Cora construiu narrativas inseridas na dinâmica urbana da época. "Os relatos acompanham o tempo, crescem com o tempo e se decompõem com o tempo. Por isso, as culturas desenvolvem métodos para obter alguma independência do tempo e para preservar as palavras." (PORTELLI, 2004)

Cora reelaborou referências culturais: edifícios históricos, práticas cotidianas, lugares, pessoas. Nesta reelaboração, viu-se reconhecida. Retomadas, suas referências foram bastante significativas para marcar seu tempo presente. A exemplo desta afirmação, temos os contos "O velho telhado" e "Sinos de Goiás". A seguir, trechos de "O Velho Telhado".

> A Casa Velha da Ponte está sendo descoberta, desnudada e violentada, desde o dia 4; despojada de sua velha cobertura. [refere-se à reconstrução da casa] (...)
> a Casa Velha é uma virgem muito velha, recatada, recoberta de telhas, que só agora entrega aos carpinteiros seu velho e negro telhado, suas telhas arrancadas, uma a uma, como casca, jogadas ao Rio Vermelho.
> Tudo aqui ressalta a força muscular e bruta do escravo, tangido pelo relho do feitor, quando seus braços, seu peito, seus nervos tinham que levantar linhas e cumieiras lavradas a machado, descomunais, encaixadas na cava, tudo acertado e ajustado nas medidas e corte primitivos. João, Manoel, Pedro, Raimundo, Isaías, filhos de negros da negra África, que morte os levou, que terra os comeu, para sempre em paz? (CORALINA, 2003)

A medida que leio a obra de Cora Coralina, na afirmação "a Casa Velha é uma virgem muito velha", encontro novos filões. A casa que é velha foi construída à época de "velhos preceitos", por "velhos escravos" de um momento "velho", cujas velhas telhas foram jogadas no velho e presente Rio Vermelho – o rio da gênese, dos garimpos, das enchentes, e ainda do século XX. Não há, aí, alusão ao "velho", mas

---

[102] No período da publicação de sua obra, a valorização de tradições locais começava a ser colocada em cena. Falar das lavadeiras era uma forma de apresentar uma tradição, que tem como pivô o Rio Vermelho.

às permanências presentes na memória construída por ela. A época da escravidão já findara, não voltaria mais. A casa, antes construída pelos escravos, foi então, depois de abalada pelas águas do rio, descortinada por carpinteiros.

Nas tessituras da memória sobre o Rio Vermelho, momentos vividos se entrelaçam. Constituindo uma das memórias da cidade. As representações sobre a história da cidade foram assim se forjando. Nelas, em discórdia, em disputa ou em consenso, compactuando com noções de patrimônio, uma das formas de ler a cidade se colocou em cena e o "conjunto" das representações sobre preservação e patrimônio em Goiás.

As representações sobre a preservação do espaço urbano da antiga Vila Boa na década de 1950, quando o SPHAN fez sua primeira ação formal na cidade, são bastante diferentes das conhecidas atualmente. Naquele período, no qual a transferência da capital pareceu assolar a vida dos moradores locais, que passaram a se sentir no isolamento e distantes de benefícios e do progresso, o reconhecimento do valor patrimonial urbano e a exigência da preservação do espaço eram fundamentais. Preservar, neste caso, não significava necessariamente manter intactos os prédios públicos, mas manter viva e movimentada aquela que um dia havia sediado o poder administrativo de Goiás.

Edificados oficialmente os sentidos de preservação e patrimônio, a população local passou a lidar com novas preocupações. Ainda que, muitas vezes, as ações políticas não se encaixem ou não venham ao encontro das necessidades mais corriqueiras dos moradores comuns que habitam as cidades, as leis de época e as ações políticas têm uma intenção e também compõem o "conjunto" do qual já falou Arantes em 2003.

Compondo o processo de construção das noções de patrimônio e das referências culturais, as leis que surgiram na década de 1960, estiveram carregadas de um discurso político preservacionista, ao mesmo tempo que nacional. Refletindo sobre este momento, tem-se a lei 5.145 de julho de 1964, do Estado de Goiás:

> Introduz as modificações na lei 5.000, de 14 de novembro de 1963, Plano de Reclassificação de Cargos e Funções dos Servidores Civis do Poder Executivo, e dá outras providências.
> Art. 4: Ficam criados na Secretaria da Educação os seguintes cargos de provimento em comissão, que passam a integrar o Anexo IV da lei n. 5.000. dentre eles,

1- Diretor da Divisão de Artes;
2- Diretor do Instituto Goiano de Folclores.[103]

Não é por acaso que o documento foi redigido em 1964, ano do golpe militar no Brasil. Tratava-se do início de um período de exaltação à cultura brasileira, sobretudo da valorização dos locais eleitos como monumentais e fundamentais para a efetivação de uma memória que se pleiteava nacional[104]. Cora Coralina, em obra, incorporou, nas entrelinhas, parte destas influências, exaltando edificações já reconhecidas publicamente. Representou "olhares" de sua época. Como ponto "obrigatório" de parada turística, sua narrativa é importante constituinte de uma noção de patrimônio e preservação que se propaga, culminando em um misto entre presente e passado, construindo imagens sobre o Rio Vermelho, a cidade e sua origem.

> Nasci nas margens desse doce rio e seu murmúrio ininterrupto embalou o berço da minha infância, fecundou e perfumou a flor da minha adolescência, acalentando como amavio estranho os sonhos da minha fantasia. As águas sempre correntes, sempre apressadas, quando passavam pela velha casa onde nasci, iam mais vagarosas (....)
> Pelas cheias, quando as chuvas lentas e monótonas fazem os dias goianos úmidos e tristonhos, a água do rio toma a cor de sangue do seu nome e num coro de vozes formidandas entoa um cantochão funéreo e grave.
> Troncos arrancados, galharadas verdes onde fremiram asas e balouçaram ninhos, detritos, resíduos, escórias e sedimentos, as águas encachoeiradas lavam e arrastam com violenta fúria... (...)
> Longe, longe, junto à casa onde nasci, passais aligeiradas, correndo e cantando, falando e contando sempre as lendas do Anhanguera e as lendas de Goiá.
> Rio abaixo, ao abandono, boiou e rodou, perdendo-se para sempre, a teia emaranhada de meus sonhos mortos...(Cora Coralina, 2003)

Cora Coralina alimenta o "mito de origem", abordando, por exemplo, a "lenda do Anhanguera"; Cora escreveu sobre Bartolomeu Bueno, aquele que desbravou Goiás, plantou uma cruz e demarcou terreno; escreveu sobre uma história de domínio e poder. O que se pode dizer é que sua narrativa é carregada dos valores de sua época. A autora

---

103 Arquivo Histórico e Geográfico de Goiás, localizado à praça Cívica, Centro, Goiânia/GO. Caixa 0983: ano 1960-1973. Documento da Secretaria da Administração.

104 Para Walter Benjamim, a cultura dominante tende a folclorizar as produções culturais das pessoas não pertencentes às elites. Isto não significa, para nós, nada de negativo ou positivo, simplesmente apresenta- nos parte do processo no qual a autora estava inserida. Ver BENJAMIN, 1977.

formaliza, com uma linguagem própria, valores vigentes, pois, "a literatura, embora possa ser outras coisas, é o processo e o resultado de composição formal dentro das propriedades sociais e formais de uma língua." (WILLIAMS, 1997, p.51)

A história da Cidade de Goiás, tendo o Rio Vermelho em sua gênese, não se restringiu à literatura local, nem somente aos manuscritos e documentos de governo dos séculos XVIII e XIX. Na imprensa escrita, trechos inteiros se dedicaram a descrever a história da antiga capital. Neles, está uma história que foi valorada ao longo dos tempos, construída através de representações que permaneceram no imaginário de escritores como Cora e de moradores da cidade.

A história da cidade, já narrada, dentre outros, por Silva e Souza – ainda no século XVIII -, publicada por editoras goianas depois da segunda metade do século XX e, no mesmo período, pesquisada pelo historiador por Luiz Palacin[105] (PALACIN, 1994), foi reforçada também por jornais da mesma época. Em 1977, a Folha de São Paulo, jornal de origem paulistana hoje de importância nacional, reproduziu em reportagem a história de Goiás e nela, apontou o que os livros editados já contavam. É importante entender que a história contada pela imprensa, sobretudo num jornal de circulação tão abrangente, avança na opinião pública de forma bastante intensa. No texto a Cidade de Goiás é representada como a "cidade da cultura." Isto é mais profundo do que as palavras escritas podem dizer. O significado destas palavras está impregnado de valores da época, pois nesse período a cidade estava prestes a viver a experiência do segundo tombamento realizado pelo IPHAN no local.

O termo "cultura" estava em voga. Práticas culturais, lendas, artesanato, folclore, produções artísticas e literárias ganharam maior destaque. No papel, mais do que na prática, a preservação de tradições não palpáveis, como festas, rezas ou práticas de alimentação, faziam parte desse conjunto. O fato de apontar "a cidade da cultura" tendo como base "a cidade do ouro" passou a ser a representação da cidade naquela época. É o reforço do "mito de origem", em função do "mito da necessidade". Goiás galgou um espaço ainda maior nessa trajetória que

---

[105] É considerado o primeiro historiador de Goiás. Tem uma vasta pesquisa sobre a região. De formação jesuítica, questionou a abundância do ouro em Goiás. Ver PALACIN, Luis,1994.

comumente chamo de "construção da imagem de cidade histórica". E também o jornal Folha de São Paulo assim se refere à Cidade de Goiás:

> Diz a história que no dia 26 de julho de 1.727 o filho de Bartolomeu Bueno da Silva fundou o arraial de Sant'Ana às margens do rio Vermelho, região rica em ouro. Passados 250 anos a hoje cidade de Goiás, ex-capital do estado, deixada ao abandono pelo patrimônio histórico, tem pregado este aviso em frente à sua prefeitura: `trocamos o ouro pela cultura.'
> A cidade se orgulha do passado, de uma história que se confunde com as lendas. A avó de Goiandira, famosa por seus quadros feitos com areias da região, contava da grande enchente de 19 de março de 1839 que derrubou a igreja de Nossa Senhora da Lapa, das pessoas que morreram agarradas a baús repletos de ouro levadas pelas águas do rio Vermelho, de quilos, de arrobas de ouro. Uma riqueza que não deixou rastros, só lendas. (...)
> Segundo Celso Furtado, durante o século XVIII, a produção brasileira de ouro superou o volume que a Espanha extraiu de suas colônias durante os dois séculos anteriores.[22]

A "abundância" das águas do rio em 1839 constrói as imagens da enchente. Contando sobre o que a artista local narrou, o rio representou "morte" e destruição, apesar da "abundância". Ainda assim, na história narrada por Goiandira (uma artista local), a riqueza do ouro foi exaltada, marcando o contraste entre "morte" e "luxo". O rio de onde tanto ouro saiu, levou consigo, em sua fúria, o que dele foi retirado! Parece poético e de fato o é. Existe aí a construção de uma imagem da cidade no século XIX. Exaltaram-se os tempos áureos do ciclo do ouro para lembrar as riquezas de outrora. Abraçadas em baús – caixas enormes onde se guardam relíquias e coisas de família – as pessoas morreram com suas conquistas. Pensando deste modo, o rio se marcou tanto pela enchente quanto pela riqueza. A história do "caos" está, nas entrelinhas, sobreposta à da abundância. O rio, está colocado como "referência" de momentos vividos pela população, indo para além da discussão de patrimônio. O rio é então, constituinte de diferentes experiências sociais vividas, e, por isso, é uma referência cultural.

3.3. O RIO PARA OS ÓRGÃOS DE COMUNICAÇÃO: UMA VISÃO PRAGMÁTICA

As águas do rio também foram representadas como lugar de trabalho. Narrando sobre a escravidão, o artigo construiu a representação do trabalho escravo negro e indígena nas águas do rio, citando-o como referência de exploração e não de assepsia. Ao contrário do que a água evoca – limpeza e alimento – as águas do Rio Vermelho, aliadas às más condições de trabalho, tornava a todos "vulneráveis a muitas doenças". Ainda na reportagem do jornal Folha de São Paulo de 1977, uma memória hegemônica é retransmitida:

> Mais de trezentos mil portugueses emigraram para o Brasil nesta época e chegou boa parte dos dez milhões de escravos negros, que foram arrastados da África ao Brasil.
> Na lembrança da época áurea não ficaram descrições como a de Luís Gomes Ferreira sobre a mão-de-obra de aluvião: `Ali trabalham, ali comem e ali muitas vezes têm que dormir; e como quando trabalham banham-se em suor, com seus pés sempre sobre a terra fria, sobre pedras ou na água, quando descansam ou comem, seus poros se fecham e se congelam de tal forma que se tornam vulneráveis a muitas doenças como convulsões, pneumonia, apoplexia, paralisias.'
> Foram destas 'mãos e pés' do senhor colonial que saíram o ouro que chegou a registrar em certas épocas entradas de 50 mil libras por semana em Londres, quando o eixo comercial trocou Amsterdan pela capital inglesa.[106]

Neste artigo, a partir de uma referência cultural, monumentos são representados. Utilizando o Rio Vermelho como parâmetro de localização para citar a Cruz do Anhanguera, fincada à época da chegada e da fixação de Bartholomeu Bueno e sua tropa, a reportagem de 1977 já comenta sobre a importância patrimonial do local. É significativo notar que, em 2001, a mesma Cruz do Anhanguera citada na reportagem de 1977 foi arrancada pela cheia do rio, numa enchente que pôs em risco o título de "Patrimônio da Humanidade", concedido pela Unesco naquele mesmo ano. Uma das primeiras edificações a serem reconstruídas naquele momento, foi exatamente a "Cruz do Anhanguera", marcando o valor a ela atribuído como símbolo da memória patrimonial da cidade.

Em 1977, o jornal Folha de São Paulo evidencia a memória hegemônica, associando o Rio Vermelho à casa de Cora Coralina e a Cruz do Anhanguera à dominação e à fé católica:

> Ao lado do rio Vermelho, nome que recebeu pela cor de suas águas misturadas à areia remexida pelas bateias da mão escrava índia e negra, está a cruz da bandeira do Anhanguera, o símbolo do domínio português e da fé

---

[106] Jornal Folha de São Paulo, 26/07/1977. "Memória da cidade marcada pelo Ouro." Arquivo Jornal O Popular, Pasta Cidade de Goiás. Pesquisa de julho de 2005.

católica. Mais a frente, depois da ponte da Lapa, a casa de uma doceira, de Ana Lins dos Guimarães Peixoto (...)[107]

Várias representações sobre o patrimônio estão expressas nesse trecho. De um lado, a Cruz do Anhanguera, símbolo de poder e dominação da região. De outro, a casa de Cora Coralina, cuja edificação também ficou comprometida com a cheia de 2001. É premente notar o modo como os monumentos estão colocados e valorados. Entende-se, com isso, o modo como algumas referências culturais vão se impregnando e sendo impregnadas de uma história que foi se forjando no imaginário daqueles que vivem e convivem na cidade – incluindo aí os visitantes turistas.

No mesmo ano – 1977 – um texto do Legislativo Estadual sobre a Cidade de Goiás, referindo-se a seu aniversário, foi publicado num jornal de Goiânia. Publicou-se a narrativa sobre a instalação provisória da capital na Cidade de Goiás, no mês de julho de 1977. Nele, além da alusão à lei que instituiu a transferência simbólica, a cidade é exaltada como "raiz" da cultura goiana; o Rio Vermelho é comparado ao Rio Nilo, cujas águas foram motivo de sobrevivência do povo egípcio. A cidade, como não podia deixar de faltar nessa homenagem, é exaltada como o maior patrimônio histórico, artístico e cultural do estado de Goiás:

> Em observância à Mensagem de Lei do Excelentíssimo Governador do Estado, recentemente aprovada pelo Legislativo Estadual, as determinações do art. 2, da lei 3635 de 10 de outubro de 1961, com modificações posteriores, são cumpridas no dia de hoje, 25 de julho de 1977, homenagens justas aos 250 anos de fundação de Vila Boa, hoje Cidade de Goiás, antiga Capital do Estado, berço histórico do nobre e laborioso povo goiano. Assim, de acordo com o preceito legal, tenho a grande honra e satisfação de declarar instalada a sessão solene da Assembléia Legislativa do Estado da cidade de Goiás, no instante em que a antiga capital retorna às suas origens, acolhendo a sede do Governo, nesse festivo e histórico dia 25 de julho, que marca dois séculos e meio de descoberta da civilização goiana. Com efeito, por aqui, às margens do lendário Rio Vermelho, que se inscreveu a epopéia do grande Estado mediterrâneo. O ciclo da mineração desenvolvia-se e foi precisamente neste 25 de julho do ano de 1727 que nasceu a Vila N. S. Santana, passando depois a Vila Boa, hoje, a tradicional cidade de Goiás, que constitui, inegavelmente, nosso mais precioso patrimônio histórico, artístico e cultural.[108]

---

[107] Jornal Folha de São Paulo, 26/07/1977. "Memória da cidade marcada pelo Ouro." Arquivo Jornal O Popular, Pasta Cidade de Goiás. Pesquisa de julho de 2005.

[108] Jornal Folha de Goiaz, 26/07/1977, "A Fala do Legislativo", Goiânia/GO. Arquivo O Popular, pasta Cidade de Goiás, pesquisa de julho de 2005.

Na história inscrita no documento, o Rio Vermelho não foi somente a gênese urbana, mas a "epopéia". Não é por acaso que foi comparado ao "Mediterrâneo". O Rio Vermelho foi lembrado aí, mesmo que indiretamente, por suas cheias, quando com elas mantinham vivas as experiências vividas pela população local. Não eram suas enchentes que as mantinham vivas, mas o movimento inerente às águas, cujos veios trouxeram ouro e em cujas margens se sedimentou o nascimento de um povo. Não existiu alusão à abundância negativa das águas, mas à idéia de sobrevivência.

Neste caso, como nas obras de Cora Coralina, o rio se traduz em "vida", "nascimento", "gênese urbana", o rio aparece quase como um sujeito heróico, um sobrevivente de momentos difíceis. É quase um protagonista de histórias da literatura e da imprensa escrita, tornando-se uma forte referência nas opiniões.

Como um veículo formador de opiniões, o jornal se torna um grande constituinte do processo de construção e interpretação de referências culturais. O texto de um artigo pode, ainda, valorar situações através de críticas ou compactuar com valores já impregnados das noções de patrimônio vigentes. Além disso, pode mapear histórias, criando caminhos para a descrição de acontecimentos, lugares e pessoas. Diante disso, lendo a reportagem de 1989 sobre uma enchente ocorrida neste ano, pode-se perceber o caráter de denúncia sobre as práticas garimpeiras no Rio Vermelho. O artigo, cujo teor abordou "morte e destruição", narrou sobre o modo como o rio tem sido alvo de práticas clandestinas atuais de coleta de ouro, mostrando as diferentes formas de valorização do Rio Vermelho no decorrer da história. A morte, abordada no artigo, pode ser interpretada como uma das experiências sociais vividas em torno do Rio Vermelho.

> Cidade de Goiás – A morte de Adevaldo de Souza Delmontes, de 26 anos; a destruição total do Supermercado do João Luiz e da Loja Bonanza, de autopeças, que tiveram suas mercadorias levadas completamente pelas águas; a destruição parcial de uma ponte e total de outra que dá acesso ao bairro da Carioca; a derrubada de uma residência e paredes de outras e de algumas lojas que perderam parcialmente suas mercadorias, é o saldo da enchente do Rio Vermelho, ocorrida na tarde de domingo.
> A informação foi dada ontem pelo Comandante do 6º Batalhão da Polícia Militar nesta cidade, tenente coronel Paixão, adiantando que a chuva forte

---

Publicação oficial – Estado de Goiás. História da Cidade e o Rio Vermelho no texto do Legislativo Estadual, quando da Transferência Simbólica da Capital para Goiás, no ano de 1977.

que caiu na região fez com que as águas do Rio Vermelho subissem rapidamente cerca de 10 metros de seu nível normal, invadindo as ruas e avenidas que margeiam o rio. Segundo ele, a fúria das águas não permitiu que todas as mercadorias existentes nas lojas próximas fossem todas retiradas, apesar do esforço dos militares e da população.

Além das duas pontes que foram destruídas as águas levaram 260 botijões de gás de um depósito; parte do estoque de uma loja de material de construção e de uma casa especializada na venda de material para garimpos. As águas chegaram a cinqüenta metros do Colégio Alcides Jubé, mas não atingiram o prédio. Também a sede da Prefeitura ficou ilhada durante um bom tempo. Os donos de uma loja de móveis usados (pregão) ficaram ilhados e insistiram em permanecer no local. Somente após veementes apelos dos militares eles se retiraram.[109]

O modo como o texto escrito narrou a destruição de móveis, lojas e casas se tornou forte aparato nesta discussão, porque a abundância das águas marcou a vida de pessoas cujos bens e locais de trabalho ficaram comprometidos. Na verdade, o que faz do Rio Vermelho uma das referências culturais na cidade não é o fato de ele fazer parte do trabalho ou da sobrevivência ou o significado que a água pode ter para a população, mas sim as experiências vividas em torno dele – seja sobre o "caos", o "lazer" ou o "trabalho".

A presença de um militar como referência da ordem é significativa. Organizador do "caos", o artigo do jornal O Popular de 1989 faz alusão, mesmo que nas entrelinhas, ao poder exercido pelas práticas policiais. Afinal, nesse contexto, quem poderia ajudar a manter a ordem diante do rio desordenado, senão um militar? Como parte de forças hegemônicas, o militar foi sinônimo de controle e coragem. O tenente coronel foi o responsável, nesse artigo, por organizar a desordem – inclusive das idéias, como causas e conseqüências do evento. Ele apareceu aí como um narrador indireto, ajudando a formular as representações sobre a enchente no período da cheia, em 1989.

Destruição sob vários aspectos me chamou a atenção. Por um lado, o Rio Vermelho foi representado pela destruição que causara. Por outro, parece só ter causado destruição porque outros o destruíram o funcionamento natural do rio. Existe aí uma história de sujeitos e não do lugar das águas, cujas vontades são isoladas. Afinal, memórias sobre lugares só se constroem porque pessoas as constituem. Os dados só existem porque as pessoas os fornecem. Estes se constroem por

---

[109] Jornal O Popular, Goiânia, 19/12/1989, "Chuva faz vítima e deixa muitos desabrigados." Arquivo O Popular, Pasta Cidade de Goiás, pesquisa julho de 2005.

meio de experiências vividas com e no rio. O garimpo é uma destas experiências. A luta contra a existência clandestina de garimpeiros trabalhando no rio também se constitui como forma de experiência sobre o rio.

É significativo notar que as narrativas sobre o garimpo no século XX são bem diferentes daquelas sobre a mesma questão no século XVIII. Por exemplo, ainda em 1989, outro artigo do jornal O Popular abordou o problema gerado pelo garimpo. O rio, segundo a reportagem, estava desgastado pelo tempo de exploração e busca pelo ouro, comprometendo seu movimento, prejudicando a vida urbana em épocas de chuva.

Destruído por práticas de garimpo oriundas da época do surgimento do Arraial de Santana, o rio reagiu a seu modo. Criou resistências. Pode-se ver as narrativas da imprensa como referências construídas por e com suas ambigüidades. Carregado de abusos e abundância, o rio, quando fora da época das cheias, é calmo, pacato, como tudo o que se movimenta na cidade.

> Há informações na cidade de que dezenas de garimpeiros da região estão desesperados e sem saber o que fazer, porque parte de suas máquinas e material de trabalho foram levados pela enchente. Vários motores de dragas rodaram, segundo comentários na cidade. Apesar de continuar chovendo fino as águas baixaram e a Prefeitura, com a ajuda dos militares e da população faz a limpeza da área invadida pelas águas e auxilia na recuperação das lojas e casas danificadas.[110]

A morte de Adevaldo de Souza Semontes, conforme o tenente-coronel Paixão, protagonista da reportagem de 1989, foi justificada. Segundo o próprio tenente, ela foi causada pela imprudência. Claro, ele morreu por desafiar as águas abundantes e fortes do Rio Vermelho. Deste modo, a "morte" foi mais uma dessas experiências que são constituintes do rio como referência cultural. A "morte" no rio foi parte do conjunto que continuou a compor o Rio Vermelho no cenário das referências culturais da cidade. O rio, cujas cheias se tornaram parte da história local, é, com todos seus acidentes, referência de experiências sociais vividas na cidade.

> De acordo com o tenente-coronel Paixão, do 6 BPM, o terceiro tenente Sérgio Aparecido de Brito quase morreu eletrocutado quando tentava salvar crianças e objetos. Para ele, a morte de Adevaldo de Souza Demontes, de

---

[110] Jornal O Popular, Goiânia, 19/12/1989, "Chuva faz vítima e deixa muitos desabrigados." Arquivo O Popular, Pasta Cidade de Goiás, pesquisa julho de 2005.

Paulistana, Piauí, filho de Maria Silveira de Jesus ocorreu por imprudência dele próprio.

Segundo o comandante do 6 BPM, após colaborar na recuperação de objetos e na retirada de crianças das áreas ocupadas pelas águas, o jovem pulou no rio após ter sido impedido anteriormente pelos militares. Ele demonstrava muita confiança por ser um bom nadador. Todos acreditam que a intenção de Adevaldo de Souza era nadar até a ponte que fica abaixo do local onde pulou. No entanto, a violência da correnteza fez com que ele batesse a cabeça na outra ponte causando-lhes vários ferimentos que contribuíram para sua morte.

Durante a segunda metade do século XX outras experiências ocorreram em torno do Rio Vermelho. Em nome da preservação do meio ambiente, e obviamente para defesa da cidade contra as enchentes provocadas pelas épocas chuvosas, criaram-se algumas associações e conselhos destinados às discussões sobre o assunto. Em julho de 1989, a reportagem do jornal O Popular noticiou o problema da prática garimpeira e anunciou a criação do "Grupo Especial para Propor uma Política Florestal para o Estado de Goiás e a Comissão de Prevenção e Controle Ambiental nas Áreas de Mineração e Garimpo." As questões de meio ambiente e patrimônio então se associam e a preservação ambiental cada vez mais se torna uma preocupação.

> Entre várias medidas tomadas pelo governador em exercício Milton Alves, durante o dia de ontem na cidade de Goiás, quando toda a administração estadual foi transferida simbolicamente para a primeira capital do Estado, três são relacionadas com a questão do meio ambiente. Em dois decretos governamentais foram instituídos o Grupo Especial para Propor uma Política Florestal para o Estado de Goiás e a Comissão de Prevenção e Controle Ambiental nas áreas de Mineração e Garimpo.
> (...) o que se vê são barrancos feitos com as perfurações de dragas e outros equipamentos que estão mudando o leito natural do rio e que deixam águas transformadas em estado de lama e sem vida.[111]

Outro artigo, publicado três dias depois do citado anteriormente, também fez alusão à necessidade de criar medidas para evitar as enchentes do Rio Vermelho. O artigo tratou, desse modo, de mapear a história das ações contra o transbordamento do rio, criando representações públicas de ação contra esse acontecimento. Ainda que vinculadas ao Governo do Estado, foram formas diversas de experiências que envolveram o rio.

---

[111] Jornal O Popular, 25 de julho 1989, "Conama vê garimpos, lixo e faz diagnóstico". Arquivo O Popular, Pasta Cidade de Goiás, pesquisa de julho 2005.

Além destas, impulsionados por uma noção de preservação ambiental e sobrevivência, outros membros da cidade se reuniram para agir contra os incidentes provocados pelas cheias. Promovendo parceria com o Instituto do Patrimônio Histórico e Artístico Nacional, esses membros, órgãos e setores políticos locais vivenciaram novas experiências com a intenção de sanar o problema que atingia o centro urbano da cidade.

> Uma reunião realizada na última sexta-feira em Goiás entre representantes da Diocese local, Prefeitura Municipal, juízes, promotoria, população ribeirinha atingida pela enchente, escritório de representação do Patrimônio Histórico Nacional e clubes de serviço, por iniciativa da Curadoria de Meio Ambiente, decidiu tomar um elenco de medidas para evitar um novo transbordamento do Rio Vermelho no perímetro urbano daquela cidade. Os participantes do encontro constataram que o problema do transbordamento do rio se restringe apenas ao perímetro urbano de Goiás porque ele foi represado de forma errada e, tendo isso em vista, decidiram-se por cinco providências principais.
> Entre as cinco medidas prioritárias estão: requisitar à Fundação Estadual do Meio Ambiente ou órgão competente laudo pericial de constatação de medias necessárias e imediatas para se dar maior evasão de água ao Rio Vermelho; requisitar à Prefeitura de Goiás a imediata limpeza do rio, de cais a cais; requerer a imediata paralisação de atividades que causem impacto ambiental negativo na Bacia do Rio Vermelho; requerer à Prefeitura e ao Governo do estado a criação e instalação de unidade ao Corpo de Bombeiros e/ou pessoal de salvamento especializado e formar uma comissão de defesa civil municipal, bem como uma de fiscalização do cumprimento dessas providências, integrada por um vereador, um desabrigado e um representante do escritório regional do Sphan – Pró – Memória.[112]

Tratam-se de questões do meio ambiente sendo incorporadas às noções de patrimônio e cultura! O que muito chama a atenção, neste caso, é o modo como, integrados a outros órgãos, sobretudo ao IPHAN, pessoas da comunidade local se dispuseram ao diálogo e ao trabalho conjunto. Esta é, ao meu ver, uma forte alusão às experiências vividas em torno do rio, pois faz menção à participação de vários setores sociais para a preservação de uma referência que não é somente material, mas parte da história de vida dos sujeitos da cidade. Neste caso, cuidar dos problemas apresentados pelo Rio Vermelho trata-se também e, sobretudo, de solucionar problemas referentes à preservação da cidade histórica e sua dinâmica histórico/turística.

---

[112] Jornal O Popular, 28 dezembro 1989, "Medidas para evitar o transbordamento do rio". Arquivo O Popular, Pasta Cidade de Goiás, pesquisa de julho 2005.

O Jornal O Popular começou a mapear as iniciativas da época em prol da preservação do Rio Vermelho. Isto indica que o jornal, como veículo de transmissão de informações e formador de opinião, também vai criando imagens em torno do rio, construindo experiências ao redor dos fatos que envolviam o rio. É o que se pode perceber em artigo de 1990, que anunciou a criação da "Associação Vilaboense em Defesa da Natureza":

> Foi criada na Cidade de Goiás a Associação Vilaboense em Defesa da Natureza (AVDN), entidade sem fins lucrativos que tem por objetivo colaborar com a preservação do ecossistema nos vales dos rios Vermelho e Araguaia. Durante anos, a depredação que o garimpo provocou na Bacia do Rio Vermelho colocou em risco a existência da fauna e flora da região, como também a saúde da população nas cidades ribeirinhas. Agora, através de uma liminar concedida pelo promotor Sullivan Silveste, a garimpagem predatória foi retirada, mas a poluição do local não está resumida neta atividade. O esgoto de Goiás, como também o lixo do Hospital São Pedro de Alcântara, são todos lançados no Rio Vermelho sem que as autoridades tomem providências.
> A AVDN surgiu com esse propósito: preservar, conscientizar e despertar na comunidade a importância da ecologia, a necessidade de resguardar um rio secular para o proveito de futuras gerações. Outras conseqüências decorridas do garimpo assustavam os antigos moradores de Goiás, como a inflação, uma das maiores de todo o interior."
> "Cerca de 15 mil garimpeiros invadiram a cidade, tirando quase que completamente suas características de cidade histórica e tombada pelo Patrimônio. Para a AVDN, os 35% que restam da Bacia do Rio Vermelho servem como uma responsabilidade que todo o cidadão tem que ter para com a vida e, por isso, a entidade pretende promover encontros, palestras e atrações artísticas para despertar na população o sentimento de que o Rio Vermelho estará vivo graças ao entusiasmo de alguns segmentos comprometidos com a natureza.[113]

A idéia chave que envolve o texto do artigo é o garimpo. Questões como esgoto e lixo foram parte da discussão e deram à narrativa um caráter de denúncia. De fato, além de retratar novas iniciativas, o artigo foi escrito num momento em que a "consciência ecológica" começava a se tornar mais evidente. Como parte deste contexto de preservação

---

[113] Jornal O Popular, 01 de março de 1990, "Associação vigia rio Vermelho e Araguaia" Arquivo O Popular, Pasta Cidade de Goiás, pesquisa de julho 2005.

ambiental, a abordagem do jornal evidenciou as experiências criadas para a manutenção do rio.[114]

Tratado como um integrante da dinâmica urbana, o rio foi envolvido em discussões sobre a necessidade da preservação para as gerações futuras. Nesse caso, as experiências abarcadas pelo artigo, são marcadas pela construção de um ideal de preservação ambiental e patrimonial cuja preocupação se volta mais para "gerações futuras" do que para o passado. Tratava-se do receio de perder o apoio e o reconhecimento do IPHAN, que já havia legitimado Goiás como cidade histórica patrimonial.

As experiências com e no rio não se evidenciaram somente em função das enchentes. Outras preocupações envolveram as discussões da década de 1990 nos artigos do Jornal O Popular. Construindo a história dos problemas enfrentados pela má utilização das águas do rio, o Jornal escreveu sobre os esgotos de hospitais locais. Nos textos, narrou sobre problemas de infra-estrutura, escrevendo sobre o modo como os hospitais despejavam seus detritos nas águas do rio.

> Os quatro principais hospitais desta cidade, Bom Pastor, Santa Rita, Brasil Caiado e São Pedro, apresentam sérios problemas de disposição inadequada de esgoto sanitário, conforme constatou o laudo técnico da Fundação Estadual do Meio Ambiente elaborado a pedido do promotor de Justiça local, Sullivan Silvestre de Oliveira, que pretende ajudar ação civil pública visando a implantação imediata de medidas corretivas nos lançamentos dos efluentes líquidos daqueles hospitais. Segundo o órgão ambiental, problemas idênticos podem ser verificados em toda a cidade, que não possui infra-estrutura básica com rede coletora de esgoto com tratamento e destino final.
> (...) A Femago destaca em seu relatório a estranheza do fato, uma vez que o município cedeu a concessão dessas atividades à Saneago, caracterizando-se a negligência da empresa concessionária. Localizado perto do Rio Vermelho, o hospital São Pedro não adota nenhuma medida paleativa para a disposição de seus afluentes líquidos, sendo os mesmos coletados em caixas de passagem e diretamente laçados no rio, atingindo seu leito e contribuindo para a contaminação das águas, colocando em risco a população da cidade.
> (...) Já os afluentes do hospital Brasil Caiado, situado em área mais central e que tem no Córrego Prata seu mais próximo ribeirão, após coletados por

---

114 Vale lembrar que, dois anos depois, o Brasil sediava a Eco 92, no Rio de Janeiro, evento no qual foi discutida uma série de questões sobre preservação ambiental no mundo. Vários profissionais que debatiam sobre o tema estiveram presentes, o que deixou a questão ainda mais latente no Brasil.

caixas de passagem, são levados por uma fossa séptica e sumidouro. No entanto, esse sistema não absorve a demanda da unidade pela baixa capacidade de absorção do solo, sendo evidente que esses efluentes escapam por alguma rede clandestina, enterrada e de difícil identificação, que leva os líquidos para o córrego.

(...) Situado em encosta também banhada pelo Prata, o Santa Rita tem seus efluentes coletados em caixas de passagem e conduzidos para uma fossa séptica e pelo sumidouros ligados em série, existindo uma caixa coletora no final que recebe os efluentes remanescentes do último sumidouro, sendo daí lançados no córrego. De acordo com a Femago, essa é uma solução paleativa, pois o solo local não tem capacidade para absorção da demanda e os efeitos do lançamento não podem ser precisados. Não servido por rede coletora de esgoto, o caso do hospital Bom Pastor é o mais sério e o que trouxe mais preocupação. (...) Seus efluentes líquidos são coletados em caixas de passagem e conduzidos por uma tubulação para fora das dependências do hospital e lançados em terreno baldio a céu aberto, sem qualquer tratamento. Neste local os rejeitos ficam empoçados e dali exala forte mau cheiro e proliferam moscas e insetos, que vão atingir as residências mais próximas ameaçando a saúde da população. Também é observada no local a presença de animais domésticos se alimentando desses esgotos. O laudo técnico da Femago destaca a necessidade de adoção de medidas corretivas urgentes nos lançamentos dos efluentes do hospital Bom Pastor e não descarta a possibilidade de exigir melhoramentos dos sistemas dos hospitais Brasil Caiado e Santa Rita, visando a preservação da vida e do meio ambiente.[115]

O interessante é notar que a água comumente vinculada à limpeza e sobrevivência no decorrer dos séculos XIX e XX esteve, conforme o jornal, associada a sujeira e doença. Abordando o problema do lixo, questões como profilaxia e prevenção vieram à tona. No artigo, representações sobre a administração local e o modo como ela lidava com as questões foram, mesmo que indiretamente, retratadas. Construiu-se uma história sobre a infra-estrutura em Goiás no século XX por meio dos artigos. Uma história de práticas clandestinas.

A resistência das práticas clandestinas continuou a compor assunto dos textos escritos no jornal. Apesar de narrar sobre a fiscalização realizada no leito do rio, um artigo escrito em 1991 enfatizou a história da clandestinidade que envolve o rio. A narrativa escrita criou representações sobre o garimpo e, a partir daí, forneceu indícios sobre as experiências de clandestinidade vividas em torno dele. A exploração de ouro no Rio Vermelho é uma das práticas culturais que envolvem

---

[115] Jornal O Popular, 14 Outubro 1990, "Esgotos de Hospitais são jogados nos rios". Arquivo O Popular, Pasta Cidade de Goiás, Pesquisa de julho 2005.

o conjunto de experiências vivenciadas com e no local. Na década de 1990, as tensões continuaram na cidade-patrimônio com relação a essa questão, já que o que estava em jogo era a necessidade de manter a cidade histórica em ordem para a circulação do turismo e para o bem-estar da população. Assim comenta o artigo do jornal O Popular de 1991:

> A Bacia do Rio Vermelho está novamente livre da presença de garimpeiros que haviam retornado à atividade de extração de ouro há cerca de três semanas, apesar da interdição judicial na área. A informação é do major Pércio Maurício de Andrade, subcomandante do 6 Batalhão de Política Militar da Cidade de Goiás, responsável pela fiscalização dos locais interditados para o garimpo. Neste período de três semanas os policiais recolheram aproximadamente 30 máquinas garimpeiras que se encontram depositadas no pátio do 6 BPM à disposição da Justiça local"
> "a Polícia Militar não conseguiu prender em flagrante nenhum dos garimpeiros que vinham trabalhando nas áreas proibidas porque, segundo o major Pércio, assim que percebem a aproximação dos policiais, eles abandonam as máquinas e fogem dos locais(...)"
> "'Desde que essa área foi fechada para garimpo, o retorno daqueles homens acontece sempre. Depois de uma repressão mais severa acorre uma retirada estratégica', afirma ele, garantindo que, apesar disso, o Rio Vermelho vem se recuperando de maneira satisfatória dos danos provocados pela atividade durantes anos.[116]

Em 1991, o historiador goiano Paulo Bertran reproduziu antigas questões e preocupações sobre o rio e redigiu um artigo mapeando, dentre outras coisas, a história do garimpo em Goiás. Publicado no jornal O Popular, o artigo constou de duas páginas. Nele, é registrado o depoimento de um cronista de 1783, no qual a narrativa acrescentou uma representação importante sobre o trabalho de garimpo no rio. Segundo o texto, a busca por ouro provocava gerava problemas para as atividades agrícolas dos moradores, comprometendo as plantações locais. Como estavam mais estimulados à prática do garimpo, as plantações eram efetuadas fora da época devida, o que comprometia a colheita, como mostra o texto:

> Ainda hoje, nas velhas regiões garimpeiras, a faiscagem de ouro nos córregos mede-se pelo alto ou baixo salário rural, ou pelo desemprego do peão nas fazendas. Havendo aumentos significativos no preço nacional ou internacional do ouro, lá se vão todos, empregados e patrões, a tentar a sorte

---

[116] Jornal O Popular, 04 janeiro 1991, "Município Livre dos Garimpeiros". Arquivo O Popular, Pasta Cidade de Goiás, pesquisa de julho 2005

no córrego do fundo do quintal, geralmente de pouca pinta, muitas vezes mexido e remexido ao longo de dois séculos e meio.

É que os depósitos de ouro de aluvião, escorrendo das montanhas para os ribeirões são generosos e recompõe em poucos anos, nas areias do fio d'água, uma nova lâmina de pó de ouro.

Porém, já em 1783, portanto há mais de 200 anos, a `Notícia Geral' informa que numa das lavras de certo José Ribeiro da Fonseca encontravam-se vestígios dos `antigos' mineiros a 14 palmos de fundura, a quase 3 metros sob a lama depositada no leito.

A busca ansiosa de água para lavagem de minério foi sério problema da lavratura das grupiaras e das chapadas. Nas alturas da Serra Dourada era ....`Fama constante que sobre esta serra chover só uma ou duas vezes....e os faiscadores estão amontoando e peneirando terra todo o ano só de espera da chuva daquele tempo, para lavarem e apurarem'.

Mais dramático ainda é o depoimento de certo cronista da época, Alexandre Affonso, quanto aos pequenos garimpeiros: `E como todos devem (tem dívidas) muitas vezes quando hão de ir roçar querem apurar a cata que está principiada, e outros querem desmatar mais terras enquanto não mingua água com a seca, de sorte que quando hão de roçar, mineram'.

`(...) por essa causa fazem as roças tardes, e nisso se as águas vêm mais cedo se queimam, e as que não se queimam, não dão mantimento que lhes cheguem'.[117]

Foi significativo perceber o modo como a seca estava ligada à enchente nos textos de cronistas – fontes de pesquisa do historiador Paulo Bertran. Além de vinculadas, "falta" e "excesso" compuseram a imagem da dominação. No artigo, continuou o escritor, os índios se renderam diante da falta de possibilidades de sobrevivência. Com a seca da época, os índios não conseguiram se manter e foram obrigados à rendição. Mais interessante foi o modo como o texto associou a possibilidade da dominação à ação da natureza, como se, com a dominação, a sobrevivência indígena fosse garantida.

Foram três anos de seca, de 1773 a 1776, iniciada em 1773.....`por um fogo tão geral que durou quatro meses, arrasando tanto os matos quanto as capoeiras.....'lembra Alexandre Affonso.

Em 1776 e 1782 produziu-se a reversão, com chuvas diluviais, que nesse último ano carregou com as três pontes que ligavam os dois bairros de Vila Boa de Goiás, atual Cidade de Goiás, Goiás-Velho. (...)

Nesse tempo inclemente o governador José de Almeida providenciou o abastecimento de víveres dos arraiais, coibiu atravessadores e especuladores, protegeu o ecúmeno colonizatório debilitado pela `nímia secura'.

---

117 Jornal O Popular, 17 de janeiro de 1991, Velhos casos da História de Goiás: Desastres ecológicos nos tempos do ouro." Arquivo O Popular, Pasta Cidade de Goiás, pesquisa de julho de 2005.

(...) No espaço de cinco anos (1776-17810) deixam-se pacificar e aldear os carajá, acroá e, grande surpresa, os caiapó. O clima sofreu fortes alterações de secas e chuvas (...) A caça, a pesca, a coleta reduziram-se drasticamente. O indígena faminto entregou-se. (...)
Sem riquezas fáceis à vista que pudessem animar o crédito das minas, José de Almeida, Luis da Cunha e os governadores que lhes sucederam, contavam com o sonho de usar a força de trabalho do indígena a civilizar-se, para com eles aumentar o número de braços na agricultura, quiçá, nas minas.[118]

Ainda que não existam outras abordagens no jornal referentes à dominação, o rio como referência de muitas experiências vividas é inquestionável. No final do século XVIII, uma seca seguida por abundantes chuvas, associada à dominação do índio foi uma forte representação sobre as águas e as práticas que a envolviam.

3.4. O RIO COMO CARTÃO-POSTAL: A DESTRUIÇÃO COMO ATRAÇÃO

Não é por acaso que, em 1991 o mesmo rio, famoso pelas enchentes que permearam os séculos XVIII e XIX, foi o cenário de uma manifestação simbólica. No Dia Mundial do Meio Ambiente, um banho no rio simbolizou, por um lado, o suposto fim do garimpo nas águas, marcando (conforme artigo do jornal O Popular), um outro momento e, por outro, representou a manutenção de um sistema de esgoto que punha em risco a saúde das águas.

O significado desta ação esteve, ainda que não retratada na narrativa escrita, ligada à necessidade de manutenção de uma referência cultural cuja destruição poderia comprometer a "imagem de cidade histórica". Existe aí uma tensão entre a importância patrimonial do rio e o perigo deste para a cidade histórica. Era, de fato, uma questão de sobrevivência, pois, carregado de experiências vividas e sentido como referência cultural, a preservação do rio havia se tornado fundamental no processo de construção da história e da identidade da cidade, ao mesmo tempo em que ele deveria ser "disciplinado", saneado. Controlar o rio e as enchentes atualmente, tornou-se uma necessidade também do turismo. Visto desta forma, o rio é, ora um problema, em função das enchentes, ora mecanismo de sobrevivência, como referência cultural

---

[118] Jornal O Popular, 17 de janeiro de 1991, Velhos casos da História de Goiás: Desastres ecológicos nos tempos do ouro." Autor: Paulo Bertran. Arquivo O Popular, Pasta Cidade de Goiás, pesquisa de julho de 2005.

(e de turismo, como se verá a seguir). Isso torna "as chuvas" uma das questões que compõem a gama de preocupações em torno do rio como referência para moradores e turistas.

> As águas do Rio Vermelho, livres do garimpo de ouro, mas poluídas pelo esgoto da Cidade, foram palco de um banho insólito e de protesto ontem, no encerramento das comemorações do Dia Mundial do Meio Ambiente. Surpreendendo as cerca de quatro mil pessoas que participaram das festividades, o secretário de Cultura local, Héber da Rocha Rezende Júnior, imitado depois por quatro estudantes, tirou os sapatos e mergulhou de roupa nas águas contaminadas, retirando de lá amostras de seu lixo. O ato simbolizou a revolta da população de Goiás por assistir a destruição do tradicional Rio Vermelho, que traçou a história da Cidade.[119]

Apontando experiências vividas em torno do rio, o jornal O Popular exaltou a iniciativa de criação da "Associação de Luta pelo Saneamento". É interessante lembrar que um dos aspectos destacados por Pedro Ludovico para promover a transferência da capital para uma cidade planejada foi que Goiás não possuía a infra-estrutura ideal para ser uma capital que se desejava moderna. Neste caso, arrisco dizer que a discussão não estava ligada somente à Cidade de Goiás, mas também a Goiânia.

De fato a questão do lixo na cidade é bastante problemática, sendo apresentada inclusive na narrativa oral de moradores do entorno pobre da cidade. Por isso é significativa a breve narrativa do artigo:

> O município está às voltas com graves problemas de contaminação de águas, necessitando do saneamento de seus cursos hídricos o mais rapidamente possível. Foi para buscar a solução desses e de outros problemas sérios, que acaba de ser constituída a Organização de Resgate Ambiental Vilaboense, presidida pela professora Valdecy Alencastro Veiga e tendo como presidente de honra o promotor Sulivan Silvestre Oliveira, coordenador estadual do Meio Ambiente do Ministério Público.[120]

Viajando no tempo, ouvindo histórias, lendo artigos de jornais e manuscritos de época, lendo cartazes, *folders* turísticos, nomes de hotéis e bares, vejo o Rio Vermelho como uma referência cultural marcada por ambigüidades e contradições. Carregado de múltiplas experiências vividas de diferentes formas, o rio faz parte das histórias da Cidade de

---

[119] Jornal O Popular, 06 de junho de 1991, "Protesto contra a poluição do Rio Vermelho." Arquivo O Popular, Pasta Cidade de Goiás, pesquisa de julho de 2005.

[120] Jornal O Popular, 11 janeiro 1992, "Associação luta pelo saneamento", Goiânia/GO Arquivo O Popular, Pasta Cidade de Goiás, pesquisa de julho 2005.

Goiás, porque é parte das várias memórias que envolvem as pessoas que ali vivem ou que visitam a cidade, tornando-se forte inspiração para artigos de jornais, reportagens televisionadas e discussões patrimoniais preservacionistas.

Como finalização deste capítulo, e lembrando a importância do rio para a vida em todos os sentidos, insiro a imagem de um cartão-postal elaborado pouco após a última enchente ocorrida em 2001, O inusitado é que, o fator da natureza que pode passar como um desastre – que foi a enchente ocorrida – é também, conforme apontei anteriormente, um símbolo de resgate, de limpeza, de vida, enfim. Tanto o é, que a cidade de Goiás elaborou um cartão-postal contendo fotos do "desastre", e o vendeu nas lojas junto aos cartões tradicionais, apontando e mostrando a cidade de Goiás e a "cheia" do Rio, como um dos eventos "turísticos" que costumam ocorrer na cidade anualmente. A diferença é que a enchente não é anual, pois como os relatos apontam, ocorre aproximadamente uma vez a cada decênio.

Fig. 15: Cartão-Postal com a fotografia da enchente de 2001 (Frente) Este é vendido nas lojas da cidade, juntamente com outros cartões- postais com imagens e paisagens da cidade. Fotografia tirada por um morador local.

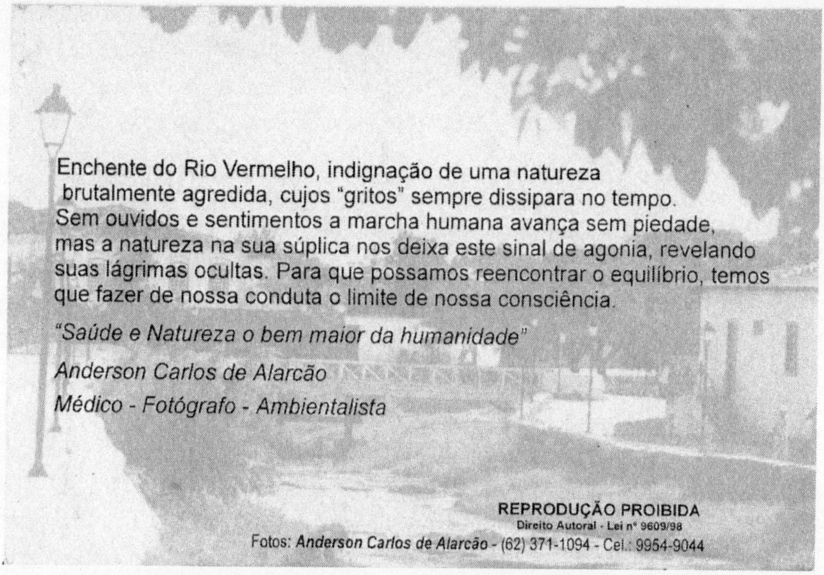

Enchente do Rio Vermelho, indignação de uma natureza brutalmente agredida, cujos "gritos" sempre dissipara no tempo. Sem ouvidos e sentimentos a marcha humana avança sem piedade, mas a natureza na sua súplica nos deixa este sinal de agonia, revelando suas lágrimas ocultas. Para que possamos reencontrar o equilíbrio, temos que fazer de nossa conduta o limite de nossa consciência.

"Saúde e Natureza o bem maior da humanidade"
Anderson Carlos de Alarcão
Médico - Fotógrafo - Ambientalista

REPRODUÇÃO PROIBIDA
Direito Autoral - Lei nº 9609/98
Fotos: *Anderson Carlos de Alarcão* - (62) 371-1094 - Cel.: 9954-9044

Fig. 16: *Verso do mesmo Cartão-Postal. Fotografias de um morador local, no dia da enchente de 2001.*

Fig. 17: *Cartão-postal da enchente. Casa de Cora Coralina. Óleo sobre tela. Cidade de Goiás. 2001.*

Vendidos juntamente com os demais cartões-postais, encontrei outros três que também fazem alusão à enchente. Estes são parte da "Série Enchente" produzida em 2001, e são representações do desastre, porém na forma de pintura – óleo sobre tela, conforme pode-se visualizar na figura 17.

Sendo assim, o rio aqui descrito e iconizado, vem ao encontro da dicotomia aludida ao potencial que é a cidade de Goiás, e ao que esta tese vem elucidando: passado e presente, poder e perda, mas sempre recheados de imaginário e de reforço a que a cidade tenha reconhecido seu valor histórico patrimonial - ainda que este valor destoe do que a própria população residente sinta como referência da dinâmica local, pois, ela mesma, a população local, re-significa a memória hegemonicamente construída, entretecendo-se a ela e ao mesmo tempo burlando-a.

ÚLTIMAS CONSIDERAÇÕES:

A Cidade de Goiás surgiu a partir da exploração de metais e pedras preciosas no período da colonização portuguesa no Brasil. De Arraial de Sant´Ana passou a Vila Boa de Goiás e mais tarde a Cidade de Goiás, tornando-se representante política de Goiás até a década de 1930, quando então a capital do estado foi transferida para Goiânia.

No decorrer de sua história, a exploração do ouro, a presença da Igreja, e a história política local da Cidade de Goiás foram importantes referências na construção de sua imagem urbana. Deste modo, seus edifícios, ruas e residências foram edificados de forma a atender a este movimento histórico. Suas casas às meias paredes e suas edificações de época criam uma imagem para o traçado do chamado centro histórico. Portanto, o ambiente urbano do período colonial foi marcado pela construção do que, no século XX, passou a ser denominado patrimônio histórico e cultural da Cidade de Goiás.

Várias edificações se constituíram durante o século XVIII, e atualmente compõem o acervo histórico arquitetônico cultural tombado pelo órgão de proteção do patrimônio nacional – conhecido desde 1937, quando da sua criação até a década de 1950, como SPHAN, e desde a década de 1970 até hoje, conhecido como IPHAN. Dentre esses bens do acervo, temos a Casa de Câmara e Cadeia, a Igreja da Matriz, o antigo Palácio Conde dos Arcos e a Casa de Fundição, caracterizando um estilo colonial de cidade. No século XIX, apesar da cidade ter vivenciado o que alguns historiadores locais chamaram de "decadência do ciclo do ouro", muitas outras edificações continuaram a ser erguidas. Entretanto, para alguns viajantes que vinham de fora, viajantes europeus ou administradores, a Vila Boa de Goiás era distante, não somente pela falta de estradas, mas pela falta de salubridade. A então Capitania de Goiás, na época, constituía-se inclusive em uma das menos povoadas do Brasil. Tais observações acabaram por contribuir para formação de um discurso sobre a cidade, que a via como atrasada, ainda que esta fosse a sede do poder administrativo de Goiás.

No século XX, com a preocupação em sanitarizar os espaços urbanos e por meio das idéias de modernidade advindas das discussões dos meios urbanísticos, São Paulo e Rio de Janeiro sofreram algumas transformações. Como eram estas as grandes referências de cidade da época, a Cidade de Goiás poderia ser colocada num patamar ainda mais inferior no que se referia à possibilidade de desenvolvimento.

Com o acontecimento da chamada Revolução de 1930, em Goiás esta idéia de modernidade foi colocada em cena. O antigo poder político local foi deposto e Pedro Ludovico Teixeira foi nomeado Interventor de Goiás por Getúlio Vargas – na época, Governo provisório do Brasil. O mesmo interventor nomeado cogitou a transferência da capital da Cidade de Goiás para um outro local que, conforme apresenta sua justificativa, fosse mais salubre, e trouxesse mais possibilidades de progresso, já que a antiga Vila Boa não possuía fluxo de pessoas nem condições físicas de abrigar uma capital para um estado que se desejava desenvolver.

Em 1935 a transferência da capital da Cidade de Goiás para Goiânia aconteceu. Esta nova cidade, planejada para ser a sede administrativa de Goiás foi construída para abrigar os poderes administrativos e seguiu algumas tendências urbanísticas da época, como largas avenidas e a setorização das edificações, a exemplo dos prédios administrativos, colocados todos na região central da cidade. A transferência da capital não se tratou, porém, somente de uma nova perspectiva de desenvolvimento para o estado de Goiás, mas também – e sobretudo – foi uma estratégia do novo poder político pós-1930 para desintegrar as forças políticas edificadas na Cidade de Goiás ao longo dos séculos XIX e XX – representados principalmente pela família Caiado.

Transferida a capital, da Cidade de Goiás para Goiânia, alguns moradores permaneceram no local, mas outros se mudaram, muitas vezes por ocuparem cargos públicos estaduais. Com eles, famílias inteiras se foram e a antiga Vila Boa se tornou um espaço ainda menos movimentado. Muitas residências e edifícios públicos ficaram fechados, trazendo à cidade uma imagem de "vazio" e "abandono", conforme os moradores da época relataram.

A discórdia entre o grupo político que defendeu a mudança da capital com o grupo antimudancista continuou. A imprensa da Cidade de Goiás retratou muitas vezes o desgosto com o fato, alegando que a divergência política era a causadora do evento. Ainda em artigos desta imprensa, os apelos se referiam à cidade como "raiz da cultura goiana", para justificar a indignação diante do abandono no qual a cidade parecia inserida.

Neste processo de reação ao "vazio" gerado pela mudança da capital, o sentimento de preservação do espaço urbano também começou a ser expresso nos artigos de jornal e, em 1942, no Jornal Cidade de Goiaz encontrei a primeira alusão à necessidade de reconhecimento do valor dos monumentos da cidade, "tal qual acontecera a Ouro Preto" – dizia o artigo. Entretanto, este sentimento de preservação não estava vinculado às premissas de preservação do então SPHAN. Tratava-se, para moradores da cidade e grupos de visibilidade política local, de fazer "renascer" o movimento e a importância do espaço urbano. Iniciava-se aí um discurso em torno da importância da retomada das raízes, ainda que preservar a cidade também implicasse em construir novos edifícios, mais modernos e dinâmicos.

Construía-se assim uma memória hegemônica como alternativa para a "reconstrução" da imagem da cidade. Entrecruzou-se às expectativas de alguns moradores e o discurso da "reação" à transferência da capital passou a compor o sentimento das pessoas na cidade. Obviamente este não foi um acontecimento abrupto e muito foi se construindo no decorrer do século passado. Assim, a ação do SPHAN em 1950, reconhecendo o patrimônio arquitetônico e artístico da cidade, nas Igrejas e prédios administrativos como monumentos importantes a serem preservados, veio ao encontro às necessidades de reconhecimento dos valores históricos locais. Em 1978, quando a segunda etapa de tombamentos aconteceu, reconhecendo também verdadeiras malhas urbanas, este sentido de preservação se ampliou. Daí, nomes como o de Cora Coralina foram incorporados ao patrimônio da cidade. A escritora, narrando sobre a época da colônia e sobre as tradições da Cidade de Goiás, acabou por alimentar e realimentar as políticas patrimoniais vigentes que defendiam a preservação da história voltada para os períodos colonial e do Império no Brasil. Neste processo a imagem de uma cidade histórica somente se fortificava.

De 1997 a 1999, quando dialoguei com os moradores da Cidade de Goiás que haviam permanecido na antiga capital mesmo após a mudança, percebi que a mágoa diante do evento ainda perdurava. Estes valorizavam o caráter histórico patrimonial da cidade e até admitiam Goiânia como o ideal de uma cidade moderna, mas viam no "marasmo" uma crítica ao espaço em que viviam.

Em 2000, após o primeiro Festival de Cinema Ambiental que aconteceu na Cidade de Goiás, por iniciativa da Agência Goiana de Cultura Pedro Ludovico Teixeira, percebi que as impressões sobre o viver na cidade já começavam a se transformar e a cidade já me era narrada com o orgulho de quem reside num local que é patrimonial. O evento, que mobilizou vários turistas para a cidade e promoveu uma série de oportunidades de trabalho para moradores na época, trouxe outras perspectivas para a dinâmica deste espaço considerado histórico.

Com a obtenção do título de Patrimônio Histórico e Cultural em 2001, concedido pela UNESCO, o investimento de verbas públicas e iniciativas privadas para a revitalização do centro histórico da cidade se intensificou, transformando fisicamente o espaço urbano. Em 2003, quando fui entrevistar moradores de bairros periféricos menos abastados da cidade já os senti mais entrecruzados às práticas turísticas locais, ainda que fossem como catadores de lixo em épocas de festa ou como diaristas para turistas que alugavam casa em época de temporada, como na Semana Santa. Entretanto, outros tantos se mostraram distantes, vendo o centro histórico como algo distante e deslocado do que lhes parecia importante no processo de construção de suas memórias de vida. Para Maria Lúcia, uma das depoentes, por exemplo, a cidade tornada patrimônio "era muito boa", mas havia encarecido os preços dos supermercados porque agora os estabelecimentos comerciais estavam voltados muito mais para o turista do que para o morador local.

Preocupada com as formas com que as políticas patrimoniais e turísticas incidem sobre a cidade e sobre a vida destes moradores, comecei a investigar sobre o modo como esta cidade é colocada para aquele que a visita, tentando compreender de que forma estes mapas se entrecruzam com as experiências diárias destes moradores na cidade. Para tanto, investiguei os *folders* turísticos, entendendo-os como cartografias previamente estipuladas ao turista, muitas vezes reduzindo a cidade ao espaço considerado histórico e induzindo-o à visitação de locais reconhecidos como patrimônio. Neste caso, o *folder* é limitador do olhar do turista e o remete à vida restrita ao centro histórico. Assim, entrelacei os mapas turísticos às trajetórias criadas pelos moradores da cidade. Percebi aí que seus traçados criam brechas, e os moradores locais vivem esta cidade patrimonial e vão construindo situações de sobrevivência, re-significando tradições locais e transformando seus viveres neste espaço permeado pelas práticas turísticas. É o exemplo das doceiras e artesãs.

Em fevereiro de 2007, numa proposta derradeira de investigação, e regida por novos olhares sobre a minha própria noção de patrimônio, estive na Cidade de Goiás e procurei dialogar com algumas pessoas que de alguma forma vivem ou vivenciam o movimento do centro histórico. Conversei com doceiras e artesãs, funcionárias de lojas e empresários locais. Percebi uma forte transformação nos modos de ver e viver a cidade. O "marasmo" antes narrado como negativo, agora se traduz para "tranqüilidade" e, o movimento da capital Goiânia é posto em cheque em nome da "qualidade de vida" que a antiga Vila Boa pode lhes fornecer. Ainda que os moradores tenham me apresentado uma cidade com dificuldades administrativas municipais, todos a traduziram como um "ótimo local pra se viver", com baixo custo de vida e com a tranqüilidade que não querem abrir mão. Doceiras e artesãs falaram do trabalho como uma forma de sobrevivência alimentada pelas práticas turísticas. Tradições foram re-significadas e a história de "Maria Grampinho", uma personagem de rua do passado, trazida na memória por meio dos escritos de Cora Coralina, hoje é *grife* de uma loja localizada no centro da cidade.

Assim percebo uma cidade que se transforma, re-significa suas tradições, constrói referências culturais. A exemplo da imagem do Rio Vermelho, trazido desde os escritos do século XIX como local importante da gênese urbana, exposto em artigos de jornais e traduzido poeticamente nas obras de Cora Coralina, ele é hoje, re-locado, re-significado, fazendo parte de políticas de preservação ambientais, sobretudo após a enchente ocorrida em 2001. Aquele desastre causado pela cheia do rio, no período chuvoso, gerou uma série de discussões que o colocou como parte fundamental dos benefícios a serem realizados na cidade. Assim, o Rio Vermelho, parte da história local, é um dos constituintes do "mito de origem" que fortifica a idéia de cidade patrimônio.

Dessa forma, as políticas de patrimônio e preservação incidem sobre essa cidade na qual os moradores re-significam tradições, conforme o momento em que vivem, acarretando constante transformação dos seus viveres urbanos, tornando impossível uma conclusão definitiva sobre ela ou sobre aqueles que nela vivem, o que impõe ao trabalho do historiador uma constante reflexão sobre presente e passado, de forma que até mesmo a prospecção acerca de seu futuro, embora passível de especulações, se configura plena de possibilidades e reviravoltas.

FONTES:

FONTES IMPRESSAS E DATILOGRAFADAS

GOIÁS. decreto n.º 5.848. 4 mar. 1949. Dos Serviços de Água. *Diário Oficial,* anno 112. DEPARTAMENTO DE ESTATÍSTICA E PUBLICIDADE, A Posse do Dr. Pedro Ludovico Teixeira no Cargo de Governador Constitucional do Estado. *Correio Oficial.* Goyaz-Capital, quarta-feira, 24 abr. 1935. n.º 2.994.

RELATÓRIO de Governo de Pedro Ludovico Teixeira – 1930-33, Goiás-GO.

GOIÁS. decreto n.º 4.952. Ante-projeto da Constituição do Estado elaborado pela Comissão nomeada pelo Decreto de 05 set. 1934. *Correio Oficial* do Estado de Goiás. Goiás, capital, n.º 2.931. 28 jan. 1935. anno LXXIX.

GOIÁS. Ata da Assembléia Legislativa do Estado de Goiás. "Acta da décima nona sessão ordinária da Câmara dos Deputados do Estado de Goyaz, na oitava legislativa." Presidência do Im. Annulpho Caiado. Goiás, 1919.

Posturas da Câmara Municipal da Cidade de Goiás (aproximadamente última década do século XIX). Goiás. Arquivo Histórico e Geográfico do Estado de Goiás, caixa 11, catálogo 2, Goiânia.

GOIÁS. Lei n.º 658 da Assembléia Legislativa do Estado de Goiás. Autorizando o Presidente do estado a subvencionar as linhas de automóveis estabelecidos por particulares ou empregos. Goiás, 30 jul 1920.

GOIÁS. Projeto de lei n.º 4, de 28 de maio 1920. Congresso Legislativo do Estado de Goiás. Câmara dos Deputados de Goiás.

GOIÁS. Projeto de lei n.º 12, de 07 de julho 1920. A Segunda comissão submette à aprovação do Senado a redação final do projeto n. 12, conforme o vencido em terceira discussão.

ASSEMBLÉIA Legislativa, Secretaria do Senado do Estado de Goyaz. n.º 20, Goiás, 17 jul. 1927.

ASSEMBLÉIA legislativa. Carta à Câmara dos Deputados, por L. Caiado. N.º 51, Goiás, 29 jul 1927.

RELATÓRIOS dos trabalhos legislativos da terceira sessão da décima legislatura do Congresso Legislativo do estado de Goyaz. Apresentado pelo Congresso ao Sr. Presidente do Congresso – pelo Senador Joaquim Rufino Ramos Jubé, Goiás, 31 jul. 1927.

RELATÓRIOS de Governo de Pedro Ludovico Teixeira – 1930-39, Goiânia. RESOLUÇÃO n.º 158: Aprovação de Posturas – Câmara Municipal. Goiás, 31 jul 1879.

CÓDIGO de Posturas Municipais da capital de Goyaz. Lei n.º 548, de 11/out/1924 In: *O Democrata*. Goiás, 07 nov. 1924. n.º 381, anno VIII.

PORTARIA N.º 1, 15 jan. 1944. Diário oficial, 19 sessão p. 962, Ministério do Trabalho Indústria e Comércio. Departamento de Administração. Serviço de Comunicações. N.º 162, 150, p. 10 Diário Oficial, seção 1, 19 jan. 1944, p. 969.

Diário Oficial, seção 1, p.1452, 27 jan. 1944. Ministério do Trabalho Indústria e Comércio. Departamento de Administração, Serviços e Comunicações. Exposição de Motivos: N.G./173, de 27 dez. 1943.

Diário Oficial, seção 25 capital federal, 30 jan. 1947.

Diário Oficial, seção 1 n.º 9, capital federal, 12 jan. 1944.

Diário Oficial, seção 1 28 jul. 1956, p.12.571.

Diário Oficial, seção 1 p.12,414, 16 jun. 1956. Governo JK, Ministério das Relações Exteriores, Divisão de Altos, Congresso e Conferências Internacionais.

OFÍCIO n. 189/84, Fundação Nacional *pró*Memória, Enviado ao Presidente da Suplan em Goiânia. Brasília, 05 jul. 1984.

GOIÂNIA, Palácio do Governo e Grande Hotel. Pesquisa Datilografada. Fonte: *Correio Oficial* (1933/35/37). Como Nasceu Goiânia – 1938.

DOCUMENTO DA SECRETARIA DE ADMINISTRAÇÃO. Arquivo Histórico e Geográfico de Goiás, localizado à praça Cívica, centro, Goiânia/GO. Caixa 0983: ano 1960-1973.

ARTIGOS DE JORNAIS:

TEIXEIRA, Celso Hermínio (diretor). Correio Oficial. Goiânia, 08 jan 1937. Secção de Informação, Propaganda e Educação Sanitária (IPES). n.º 3.359, anno LXXXI.

TEIXEIRA, Celso Hermínio (diretor). A nova capital do Estado já é um centro de civilização. Correio Oficial. Goiânia, 9 jan.1937.

TEIXEIRA, Celso Hermínio (diretor). O Progresso. Correio Oficial. Goiânia, 19 jan 1937. Goiaz. N.º 3.366, anno LXXXI.

TEIXEIRA, Celso Hermínio (diretor). A Posse do Dr. Pedro Ludovico Teixeira no cargo de Governador Constitucional do Estado. Correio Oficial. Goiás, 24 abr. 1935 n.º 2.994, anno LXXIX.

BRANDÃO, Austriclino. A Nova Tribu do Goiatacazes – o que já fez um novo Anhanguera em benefício das tabas de Goiaz. Correio Oficial. Goiânia, 29 jan 1937. n.º 3.375, anno LXXXI.

CORREIO Oficial Em prol da velha cidade de Goiaz. Goiânia, 04 fev 1937. n.º 3.380, anno LXXXI.

CORREIO Oficial. Goiaz, cidade tradicional. Goiânia, 24 fev 1937. n.º 3.392, anno LXXXI.

PÓVOA, Paulo E. Cidade Sonhadora. Cidade de Goiaz, Goiáz, 19 jan.1941, p. 03. n.º 110, anno III.

PEREIRA, Guilherme Velasco. Tempos Modernos. Cidade de Goiaz, Goiás, 19 jan. 1941, n.º 110, anno III, p. 2.

COUTO, Goiás do (diretor). Precipitações Injustificáveis. Cidade de Goiaz.. Goiás, 09 fev 1941. n.º113, anno III

CURADO, S. Fleury. Atualidades. Cidade de Goiaz, Goiás, 16 fev.1941. n.º 114, ano III. RAPOSO, BemHur. Colônias agrícolas. Cidade de Goiaz. Goiás,16 mar 1941. n.º 118, ano III.

RAPOSO, Bem Hur. realizações do estado Novo em defesa dos Trabalhadores Rurais. Cidade de Goiaz, Goiás, 30 mar 1941. n.º 120, ano 3.

PÓVOA, Paulo Emílio. O Dia do Trabalho. *Cidade de Goiaz,* Goiás, 11 mai 1941. n.º 126, ano 3.

CIDADE de Goiaz. A produção de Goiás comparada à de outros estados. Goiás, 11 mai 1941. n.º 126, ano 3.

CIDADE de Goiaz., Renovação. Goiás, 19 jul 1942. n.º 186, ano 5.

CIDADE de Goiaz. Lama no Largo do Chafariz. Goiás, 28 jul 1942. n.º 187, ano 5. CIDADE de Goiaz Pela Grandeza de Goiás. Goiás, 17 jan 1942. n.º 161, ano 4.

CIDADE de Goiaz, Problemas Municipais. Goiás, 28 jul 1942. n.º 187, ano 5. CIDADE de Goiaz. A Cobra está com Sede. Goiás, 02 set 1945. n.º 285, ano 8.

COSTA, Castro. O Destino Econômico do Brasil Central. Cidade de Goiaz, Goiás, 02 set 1945. n.º 285, ano 8.

AZEVEDO, Alarico Velasco. Um Patrimônio Abandonado. Cidade de Goiaz. Goiás, 09 nov 1947. n.º 362, s.d.

COUTO, Goiás do (redator). S.T. Cidade de Goiaz. Goiás, 29 fev 1948. n.º 361, ano 10. COUTO, Goiás do (redator). Jornais de Goiânia levam 12 dias para chegar a Goiás.

Cidade de Goiaz. Goiás, 29 fev 1948. n.º 377, ano 10.

CAIADO, Brasil Ramos. Energia Elétrica em 8 meses, Água e Esgoto este ano – 31 milhões de cruzeiros de auxílio. Gazeta de Goiás, Goiás, 28 abr 1957. n.º 05, ano 1.

VIGGIANO, Pedro. Grande Passo: Brasília. Gazeta de Goiás. Goiás, 02 jun 1957. n.º 10, ano 1.

GAZETA de Goiás. Rodovia Goiânia/Goiás/Aruanã. Goiás, 02 jun 1957. n.º 10, ano 1. GAZETA de Goiás. Esperança das Promessas. Goiás,17 nov. 1957, n.º 34, ano 1, p.3 GAZETA de Goiás. Inaugurada, embora não terminada, a estrada Go-4 (Goiânia--Goiás). Goiás, 29 dez 1957. n.º 40, ano 1.

MARQUES, Octo. Brasília e o Progresso de Vila Boa. Gazeta de Goiás. Goiás, 16 fev 1958. N.º 47, ano 1.

FOLHA de Goiás. O Dia em Palácio – Conde dos Arcos é Monumento Histórico. Goiânia, 26 jul 1961. s/n.º.

O DEMOCRATA. Estradas de automóveis. Goiás, 12 jan 1923. n.º 289, ano VI. CAIADO, Brasil Ramos (diretor). Governo Realizador. O Democrata. Goiás, 02 mar 1929., n.º 597, ano 11.

A COLLIGAÇÃO. O aniversário de Vila Boa – brilhante discurso proferido no Gabinete Literário, pelo Dr. Osvaldo Sócrates do Nascimento. Goiás/GO1935, S.N.º, p. 7 (catalogado no Arquivo histórico e geográfico de Goiás, em Goiânia, numa pasta referente aos números 32, 34, 35, 38, 43, 45, 47, 48 49, nos meses 06 ao 12)

A Colligação. Mito da Degradação. Goiás, 1935, s.n.º, p. 03 A COLLIGAÇÃO, s.t., Goiás, 1935. s/n.º

ALADIN. Fazendo Cidades A Colligação. Goiás, 1935. s/n.º A COLLIGAÇÃO. s.t., Goiás, 1935. s.n.º

A COLLIGAÇÃO. Contra a Destruição de Villa Boa. Goiás, 1935. s.n.º, p. 03

A COLLIGAÇÃO. Até onde Goyaz Chegou. Goiás, 29/set/1935. N.º 41, anno II. ROCHA, Hélio. Os Tempos da Mudança da Capital. O Popular. Goiânia, 17/08/1979. S.N.º

BERINGS, Paulo (editor). O Percurso Histórico do `Bandeirante. O Popular –Goiânia, 04 Out 1987. S.N.º. Caderno 2.

O DEMOCRATA. A Zona dos Cangaceiros. Goiás, 06 abr 1923. n.º 300, anno VI. O DEMOCRATA. s.t., Goiás, 07 set 1923. n.º 322, anno VII.

CABRAL, Ciro Egberto. Cristo ou Hitler. Cidade de Goiaz, Goiás, 22 fev 1942.n.º 167, ano 4.

DEPOIMENTO concedido por Jaime Câmara, em entrevista realizada pelo Jornal Opção.

Publicada na reportagem: *Um Golpe Político de Pedro Ludovico.* Jornal Opção. Goiânia, 20-6 de outubro de 1991. n.º 850.

DEPOIMENTO concedido por Pedro Ludovico, obtido por Aspásia Alcântara Camargo, em entrevista feita em maio de 1976. Publicada no Jornal Diário da Manhã. Goiânia-GO, 24 de outubro de 1983, Goiânia 50 anos.

Jornal O Popular, 01/09/1978, "Ponto de Vista, por Jorge Carioca – Chafariz da Carioca". Goiânia/Go.

Arquivo O Popular, Pasta Cidade de Goiás, pesquisa de julho 2005.

Jornal O Popular, 01/09/1978, "Ponto de Vista, por Jorge Carioca – Chafariz da Carioca". Goiânia/GO.

Arquivo O Popular, Pasta Cidade de Goiás, pesquisa de julho 2005.

Jornal O Popular, 28 de Julho de 1987, Caderno 2, "Um rico domingo para os goianos" Arquivo O Popular, Pasta Cidade de Goiás, pesquisa de julho 2005

Jornal O Popular, 24 julho de 1984. "Em tempo de mudança, o novo visual do Palácio Conde dos Arcos" Caderno 2 – p. 1. Texto de Glória Drumond. Editor Paulo Berings.

Jornal O Popular, 26 julho 1991, "Lideranças pedem obras – Quem foi Sant'Ana."Goiânia/GO

Jornal Folha de São Paulo, 26/07/1977. "Memória da cidade marcada pelo Ouro." Arquivo Jornal o Popular, Pasta Cidade de Goiás. Pesquisa de julho de 2005.

Jornal Folha de Goiaz, 26/07/1977, "A Fala do Legislativo", Goiânia/GO. Arquivo O Popular, pasta Cidade de Goiás, pesquisa de julho de 2005.

Publicação oficial – Estado de Goiás.

TELLES, Norma. "Assombros e memórias" in REVISTA *ISTO É*. São Paulo de 05 de março de 1986.

Jornal O Popular, Goiânia, 19/12/1989, "Chuva faz vítima e deixa muitos desabrigados." Arquivo O Popular, Pasta Cidade de Goiás, pesquisa julho de 2005.

Jornal O Popular, 28 dezembro 1989, "Medidas para evitar o transbordamento do rio". Goiânia/GO. Arquivo O Popular, Pasta Cidade de Goiás, pesquisa julho 2005.

Jornal O Popular, 25 janeiro 1989, "Cidade de Goiás é procurada por Turistas.", Caderno 2 (turismo). Goiânia-GO. Arquivo O Popular, Pasta 125, pesquisa Julho 2005.

AZEVEDO, Rachel.. "Na cidade de Goiás, a preservação das raízes."Jornal O Popular, 3 julho 1987, Goiânia-GO. Arquivo Jornal O Popular, pesquisa julho 2005.

PINHIERO, José Sebastião. "As imagens das festas populares em Goiás vão à Capital Federal." Jornal O Popular, 18 agosto 1985, Goiânia-GO. Arquivo Jornal O Popular, pesquisa julho 2005.

SOARES, Cílio. "Prisão de Jesus é lembrada com 300 archotes." Jornal O Popular, sem data, Goiânia-GO. Arquivo Jornal O Popular, pasta sobre Semana Santa em Goiás, década de 1980, Goiânia-GO.

Jornal O Popular, 24 novembro 1979. " Goiás – antiga, bonitinha, mas doentinha." Goiânia-GO. Arquivo Jornal O Popular, pasta 125, pesquisa julho 2005.

Jornal O Popular, 01 de março de 1990, "Associação vigia rio Vermelho e Araguaia" Goiânia/GO. Arquivo O Popular, Pasta Cidade de Goiás, pesquisa de julho 2005.

Jornal O Popular, 14 Outubro 1990, "Esgotos de Hospitais são jogados nos rios". Goiânia/GO. Arquivo O Popular, Pasta Cidade de Goiás, Pesquisa de julho 2005.

Jornal O Popular, 04 janeiro 1991, "Município Livre dos Garimpeiros".Goiânia/GO. Arquivo O Popular, Pasta Cidade de Goiás, pesquisa de julho 2005

Jornal O Popular, 17 de janeiro de 1991, Velhos casos da História de Goiás: Desastres ecológicos nos tempos do ouro."

Autor: Paulo Bertran. Arquivo O Popular, Pasta Cidade de Goiás, pesquisa de julho de 2005.

Jornal O Popular, 06 de junho de 1991, "Protesto contra a poluição do Rio Vermelho." Goiânia/GO. Arquivo O Popular, Pasta Cidade de Goiás, pesquisa de julho de 2005.

Jornal O Popular, 11 janeiro 1992, "Associação luta pelo saneamento", Goiânia/GO. Arquivo O Popular, Pasta Cidade de Goiás, pesquisa de julho 2005.

Jornal O Popular, 6 de maio de 2003, "Começa a Recuperação de calçamento de Goiás." Goiânia/GO. Arquivo O Popular, Pasta Cidade de Goiás, pesquisa de julho de 2005.

BORGES, Rogério. Símbolo de Cara Nova. In Jornal O POPULAR, Caderno Magazine, 26 julho de 2005, Goiânia, ano 67, n. 18.833, p 03

VÍDEOS:

LEITE, Paulo Cerqueira. *Especial Literatura Cora Coralina* São Paulo: Televisão Brasil Central, 1985. Duração 55'33"

Arquivo do Museu da Imagem e Som, Goiânia/GO. N. 14 MIS 00297

LEITE, Paulo Cerqueira. *Especial Literatura Cora Coralina.* N. 14 MIS 00297 São Paulo: Televisão Brasil Central, 1985.Duração 55'33"

SAFADI, Rogério. *Viva e reviva Goiás.* Data: 03/06/2000. Produção Makro Filmes e Secretaria da Educação. – MIS 005-4

NARRATIVAS ORAIS:

NARRATIVAS DE 1998-1999

Entrevista com A. C. de P, centro histórico, Goiás, jan. 1998.

Entrevista com Benedito N.J., rua da Igreja de santa bárbara, Goiás, jan. 1998. Entrevista com seu L., centro histórico, Goiás, jan. 1998.

Entrevista com Goiandira do Couto, Goiás, 06 fev.1998. Entrevista com S. O. Goiás, mai. 1998.

Entrevista com V. E. S. Goiás, jan. 1998.

Entrevista com Altair, centro histórico (residência em frente à "casa da ponte"), Goiás, jan. 1998.

Entrevista com seu José Filho, centro histórico – antigo Palácio Conde dos Arcos. Goiás maio.1999

Entrevista com Noêmia, centro histórico, em uma travessa da chamada "praça do coreto". Goiás, jul. 1999.

Entrevista com José, bairro de Santa Bárbara. Goiás, jul. 1999. Entrevista com O. A. Rua da Igreja do Rosário, Goiás, jul. 1999. Entrevista com Lhulhu.Caiado, Goiás, jul. 1999.

Entrevista com Dolci Caiado, centro histórico, Goiás, jul. 1999.

Entrevista com L.M.L. Goiás jul. 1999. Entrevista com A.R.C. Goiás mai. 1999.

NARRATIVAS DE 2003 A 2005.

Entrevista com Arquimino, em sua residência, no bairro Alto de Santana, em abril de 2004, na cidade de Goiás, por Cristina Helou Gomide.

Entrevista com Benedita Ferreira Matos, em sua residência, na rua Daniana, próximo à chamada rodoviária nova, em julho de 2003, na cidade de Goiás, por Cristina Helou Gomide.

Entrevista com Brasilete de Ramos Caiado, em sua residência no largo em que se situa o atual Museu das Bandeiras, em Julho de 2003, na cidade de Goiás, por Cristina Helou Gomide.

Variável   CRISTINA HELOU GOMIDE

Entrevista com Dona Eva Carneiro dos Santos, atelier de artesanato em cerâmica, centro histórico, na cidade de Goiás, em abril de 2004. Por Cristina Helou Gomide.

Entrevista com Maria (esposa de Paulinho José), no bairro Alto Santana, na cidade de Goiás, em abril de 2004, por Cristina Helou Gomide.

Entrevista com Maria Lúcia, no bairro Alto de Santana, na cidade de Goiás, em abril de 2004, por Cristina Helou Gomide.

Entrevista com Maria de Souza de Jesus e Silva, rua da Conceição, no bairro Santa Bárbara, na cidade de Goiás, em abril de 2004.

Entrevista com Luís Antônio, no bairro Alto de Santana, na cidade de Goiás, em abril de 2004, por Cristina Helou Gomide.

Entrevista com Paulinho José de Jesus, no bairro Alto Santana, na cidade de Goiás, em abril de 2004. Por Cristina Helou Gomide.

Entrevista com Rosalina Mendes dos Santos, no bairro Alto Santana, na cidade de Goiás, abril 2004, por Cristina Helou Gomide.

NARRATIVAS DE VISITANTES TURISTAS:

Entrevista de Julho de 2003, a João Batista da Silva, no Museu Conde dos Arcos, por Cristina Helou Gomide, cidade de Goiás/GO.

Entrevista feita em Julho de 2003, com G. Alexandre, no Museu Conde dos Arcos, por Cristina Helou Gomide. Cidade de Goiás/GO.

Entrevista feita em julho de 2003, com Leila, no Museu Conde dos Arcos, por Cristina Helou Gomide. Cidade de Goiás/GO.

Entrevista feita a Lauro José de Oliveira Basílio, professor do Curso de Turismo de uma Universidade do Rio de Janeiro. Por Cristina Helou Gomide, cidade de Goiás/GO, Palácio Conde dos Arcos, julho de 2003.

Entrevista feita com Celso Paranaíba Carvalho, residente em Ituiutaba/MG, em Julho de 2003, no Palácio Conde dos Arcos, por Cristina Helou Gomide. Cidade de Goiás/GO. Entrevista com Maria Rosa M. de Castro, professora de Biologia no Rio de Janeiro, em julho 2003, Palácio Conde dos Arcos, por Cristina Helou Gomide. Cidade de Goiás/GO Entrevista com Edson Ribeiro, arquiteto vindo do Paraná, em julho 2003, Palácio Conde dos Arcos, por Cristina Helou Gomide. Cidade de Goiás/GO.

Entrevista feita em julho 2003, com Nilza Barcelos Silva, estudante do curso de Letras da Universidade Estadual de Goiás. Palácio Conde dos Arcos, por Cristina Helou Gomide. Cidade de Goiás/GO.

BOLETINS E PUBLICAÇÕES DIVERSAS:

FUNDAÇÃO próMemória, Proteção e revitalização do patrimônio cultural no Brasil: uma trajetória. Brasília: MEC/Sphan, 1980.

SITES INTERNET:

http://www.icomos.org.br/patrimoniobrasileiro/salvador/salvador.htm http://wwwiphan.gov.br/bens/bens.htm http://www.iphan.gov.br/imateriais/imateriais.htm

FOLDER E CARTÃO-POSTAL:

CARTÃO-POSTAL da Enchente. Igreja de São Francisco e sede do IPHAN. Quadro de Di Magalhães. Óleo sobre tela. Cidade de Goiás: *Série Enchente*. 2001.

CARTÃO-POSTAL da Enchente. Casa de Cora Coralina. Quadro de Di Magalhães. Óleo sobre tela. Cidade de Goiás: *Série Enchente*. 2001.

CARTÃO-POSTAL da Enchente. Rio Vermelho. Quadro de Di Magalhães. Óleo sobre tela. Cidade de Goiás: *Série Enchente*. 2001.

CARTÃO-POSTAL da Enchente. Centro Histórico. Fotografia e Arte de Anderson Carlos de Alarcão. Cidade de Goiás [2001].

FOLDER Visite Goiás – Doce Cidade. Cidade de Goiás. Prefeitura Municipal de Goiás/Departamento de Turismo. 1993-6.

FOLDER da OVAT – Semana Santa em Goiás. Cidade de Goiás. OVAT [1998] FOLDER Casa de Cora Coralina. Cidade de Goiás. Fundação Pró-Tur [1998].

FOLDER Semana Santa na Cidade de Goiás. Goiás- Cidade Tradição. Cidade de Goiás. OVAT. 1999.

FOLDER Bem Vindo à Cidade de Goiás. Cidade de Goiás. Governo de Goiás [1999]

FOLDER Goiás – Herança de Portugal. Cidade de Goiás. Secretaria Municipal de Cultura e Turismo/Lisboa-Câmara Municipal/Galeria Mitra [2000]

FOLDER Cidade de Goiás – Patrimônio Mundial. Cidade de Goiás. Agência Goiana de Cultura. 2001.

FOLDER Goiás – Patrimônio Mundial. Maceió/AL. Secretaria Municipal de Cultura Turismo e Meio Ambiente de Goiás/Museu da Imagem e Som de Alagoas. 2001.

FOLDER Transferência da Capital. Cidade de Goiás. Secretaria Municipal de Goiás/ Projeto História de Goiás. 2003.

FOLDER Semana Santa. Cidade de Goiás. Apoio Jaime Câmara. 2004.

FOLDER do V FICA. Cidade de Goiás. Governo de Goiás/Agência Goiana de Cultura/ Agência Ambiental de Goiás/SEMARCH. 2005.

FOLDER Restaurante Dali. Cidade de Goiás. S/d.

BIBLIOGRAFIA

OBRAS COMPLETAS E CAPÍTULOS DE LIVROS:

ALBERTI, Verena. "Histórias dentro da história." *In* PINSKY, Carla Bassanezi (org.)

Variável   CRISTINA HELOU GOMIDE

Fontes Históricas. São Paulo: Contexto, 2005.

ARANTES, Antônio Augusto. *Paisagens Paulistanas*. Campinas: ed. UNICAMP; São Paulo: Imprensa Oficial, 2000.

ARAÚJO, Emanuel. *O teatro dos vícios –transgressão e transigência na sociedade urbana colonial*. 2ª ed – Rio de Janeiro: José Olympio, 1997.

ARGAN, Giulio Carlo. *História da Arte como História da Cidade*. São Paulo: Martins Fontes, 1998.

BENJAMIN, Walter. *Obras escolhidas*. V. 1. São Paulo: brasiliense, 1994.

BORGES, Humberto Crispin. *Retrato da academia goiana de letras*. Goiânia: Oriente, 1997.

BORGES, Vavy Pacheco. *Anos trinta e política: história e historiografia*. In FREITAS, Marcos Cezar de (Org.). Histõriografia Brasileira em Perspectiva. São Paulo: Contexto, 1998.

BOURDÉ, Guy & MARTIN, Hervé. *As escolas históricas*. Portugal: Publicações Europa-América,1983.

BRANDÃO, A.J. Costa. *Almanach da Província de Goyaz para o ano de 1886*. Coleção Documentos Goianos n. 1. Goiânia: UFG, 1978.

BRUM, Argemiro. *Desenvolvimento econômico brasileiro*. Petrópolis: Vozes, 1994. BURKE, Peter. *A Arte da Conversação*. São Paulo: Unesp, 1995,

CABRAL, José Irineu. *Notas Sobre a Mudança da Capital e sua Recuperação econômico-social no Planalto Goiano*. In: Goiás, uma nova fronteira humana. Rio de Janeiro: Conselho de Imigração e Colonização, 1990.

CÂMARA, Jaime. *Os tempos da mudança*. Goiânia: O Popular, 1979. CAMARGO, Aspásia (org.). *O golpe silencioso*. Rio de Janeiro: Rio Fundo, 1990.

CAMPOS, Itami. *Saúde pública: A medicina e a política*. Goiânia: UFG, 1994 (mimeogra.).

CAPELATO, Maria Helena Rolim. *Estado Novo: novas histórias*. In: FREITAS, Marcos Cezar de (org.). Historiografia brasileira em perspectiva. São Paulo: Contexto, 1998.

CAMPOS, Itami. *O coronelismo em Goiás*. Goiânia: CEGRAF, 1982.

CANCLINI, Nestor Garcia. *Culturas Híbridas – estratégias para entrar e sair da modernidade*. São Paulo: Edusp.

CARVALHO, Marta Maria Chagas de. *A Configuração da Historiografia Educacional Brasileira*. In FREITAS, Marcos Cezar (org) Historiografia Brasileira em Perspectiva. São Paulo: Contexto, 1998.

CERTEAU, Michel. *A Invenção do Cotidiano – Artes de Fazer*. Petrópolis: Vozes, 2003.

CHAUÍ, Marilena. *Brasil – Mito fundador e sociedade autoritária*. São Paulo: Editora Fundação Perseu Abramo, 2001.

CHAUL, Nasr Fayad. *A construção de Goiânia e a transferência da capital*. Goiânia: Cegraf, 1989.

──────. *Caminhos de Goiás* - da construção da decadência aos limites da modernidade. Goiânia: UFG/UCG, 1997.

CHAGAS, Mário e ABREU, Regina. *Memória e Patrimônio – ensaios contemporâneos.* Rio de Janeiro: FAPERJ; D&P; Uni-Rio, 2003.

CHARTIER, Roger. *A história cultural - entre práticas e representações.* Rio de Janeiro: Difel, 1990.

COSTA, Emília Viotti da. *Da Monarquia à República: momentos decisivos.* São Paulo: Livraria Editora Ciências Humanas Ltda, 1979.

COELHO, Gustavo Neiva. *Guia dos bens imóveis tombados em Goiás – Vila Boa.* v. 1, Goiânia: Instituto de Arquitetos do Brasil, 1999.

CORALINA, Cora. *Villa Boa de Goyaz.* Goiânia: Global, 2003

CUCHE, Denys. *A noção de cultura nas ciências sociais.* Bauru: Edusc, 1999 D'ALINCOURT, Luis. *Memória sobre a viagem do porto de santos à cidade de Cuiabá.* São Paulo: USP, 1975.

DEBRET, Jean Baptiste. *Viagem pitoresca e histórica ao Brasil.* São Paulo: Martins, vol 4.

ESTEVAM, Luís. *O Tempo da transformação – estrutura e dinâmica da formação econômica de Goiás.* Goiânia: Editora do Autor, 1998.

FAUSTO, Bóris. *A Revolução de 30.* São Paulo: Brasiliense, 1980.

———(org.). O Brasil republicano. In HGCB, São Paulo: Difel 1982.

FENELON, Déa; MACIEL, Laura Antunes; ALMEIDA, Paulo Roberto de; KHOURY, Yara Aun. *Muitas Memórias, outras histórias.* São Paulo: Olho d'água, 2003, p. 282-295.

FINAGEIV, Belmira. *Carta à cidade de Goiás.* Brasília: Fundação PróMemória, 1883.

FONSECA, Maria Cecília Londres. Para Além da Pedra e Cal: por uma concepção ampla de patrimônio cultural. In CHAGAS, Mário e ABREU, Regina. *Memória e Patrimônio – ensaios contemporâneos.* Rio de Janeiro: D&P; FAPERJ; Uni-Rio, 2003.

FONSECA, Maria Cecília Londres. *O Patrimônio em Processo – trajetória da política federal de preservação no Brasil.* Rio de Janeiro: UFRJ: IPHAN, 1997

FREIRE, Doía e PEREIRA, Lígia Leite.História oral, memória e turismo cultural. In MURTA, Stela Maris e ALBANO, Celina (org.). *Interpretar o patrimônio – um exercício do olhar.* Belo Horizonte: UFMG; território brasilis, 2002

GOMES, Horieste. *Geografia sócio-econômica de Goiás.* Goiânia: ed. Brasil Central, 1969.

GOMIDE, Cristina Helou. Cidade de Goiás: da idéia de preservação à valorização do patrimônio – a construção da imagem de cidade histórica (1930-1978). In CHAUL, Fayad Nasr; SILVA, Luís Sérgio Duarte da. (orgs). *As cidades dos sonhos.* Goiânia: UFG, 2004, p. 101-136.

GONÇALVES, José Reginaldo Santos. "O patrimônio como categoria de pensamento." In ABREU, Regina; CHAGAS, Mário. *Memória e Patrimônio – ensaios contemporâneos.* Rio de Janeiro: DP&A ed; FAPERJ; Uni Rio, 2003

GOODEY, Brian. Olhar múltiplo na interpretação de lugares, p.75 in MURTA, Stela Maris e ALBANO, Celina (org.) *Interpretar o patrimônio – um exercício do olhar.* Belo Horizonte: UFMG; território brasilis, 2002

HALL, Stuart. *A identidade Cultural na Pós-modernidade.* Rio de Janeiro: DP&A, 2003.

HUTTER, Lucy Maffei. A cidade de São Paulo – séculos XIX/XX. In: *Cidades brasileiras – políticas urbanas e dimensão cultural*. São Paulo: Capes/Cofecub, 1998.

KHOURY, Yara Aun. "Muitas Memória, outras histórias: cultura e o sujeito na história." In FENELON, Deá; MACIEL, Laura Antunes; ALMEIDA, Paulo Roberto de; KHOURY, Yara Aun (orgs) *Muitas Memórias, Outras Histórias*. São Paulo: Olho d'água, 2004

LE GOFF, Jacques. *História e memória*. São Paulo: ed. UNICAMP, 1992.

LEMOS, Carlos A. C. *A República ensina a morar (melhor)*. São Paulo: Hucitec, 1999.

LENHARO, Alcir. *Sacralização da Política*. Campinas-SP: Papirus, 1986.

LEAL, Oscar. *Viagem às terras goianas (Brasil Central)*. Goiânia: Cegraf, 1980.

LEITE, Miriam Moreira. *Retratos de família – leitura da fotografia histórica*. São Paulo:Edusp, 2000

LUCA, Tânia Regina. "História dos, nos e por meio dos periódicos." *In* PINSKY, Carla Bassanezi (org.). *Fontes Históricas*. São Paulo: Contexto, 2005.

MACHADO, Maria Cristina Teixeira. *Pedro Ludovico: um tempo, um carisma, uma história*. Goiânia: Cegraf, 1990.

MANGUEL, Alberto. *Lendo Imagens – uma história de amor e ódio*. São Paulo: Cia das Letras, 2001

MARTINS, José de Souza. O Poder do atraso - ensaios de sociologia da História Lenta. São Paulo: Hucitec, 1994.

MARX, Murilo. *Cidade no Brasil. Terra de quem?* São Paulo, Nobel/Edusp, s/d. MATTOS, Raymundo José da Cunha. *Corografia histórica da Província de Goiás*. Goiânia: Governo de Goiás, 1978.

MATOS, Maria Izilda Santos de. Cidade: experiências urbanas e a historiografia. In: *Cidades brasileiras – políticas urbanas e dimensão cultural*. São Paulo: Capes/Cofecub, 1998.

MATTOS, Raymundo José da Cunha. *Chorografia histórica da Província de Goyaz*. Goiânia: Governo de Goiás, 1978.

MENESES, Ulpiano T. Bezerra de. "Mito e Museu: reflexões preliminares."in FÉLIX, Otero Loiva; ELMIR, Cláudio P. *Mitos e Heróis – construção de imaginários*. Porto Alegre: ed. Universidade/UFGRS, 1998.

MURTA, Stela Maris e ALBANO, Celina (org.) *Interpretar o patrimônio um exercício do olhar*. Belo Horizonte: UFMG/território brasilis, 2002

NAPOLITANO, Marcos. "A história depois do papel." *In* PINSKY, Carla Bassanezi (org.) *Fontes Históricas*. São Paulo: Contexto, 2005.

PALACIN, Luís. *Fundação de Goiânia e desenvolvimento de Goiás*. Goiânia: Oriente: 1976.

PALACIN, Luís. *O século do ouro em Goiás: 1722-1822*. Goiânia, UCG, 1994. PALACIN, Luis; GARCIA, Ledonias Franco; AMADO, Janaína. *História de Goiás em Documentos – Colônia*. Coleção Documentos Goianos n. 29. Goiânia: UFG, 1995 PEREZ, Léa Freitas. Notas reflexivas sobre a modernidade e a cidade. In: NASCIMENTO, Mara

Regina, e TORRESINI, Elizabeth (orgs). *Modernidade e urbanização no Brasil,* Porto Alegre: EDUPUCS, História 24, 1998

POHL, Johann Emmanuel. *Viagem ao interior do Brasil.* São Paulo: USP/Itatiaia, 1975.

PORTELLI, Alessandro. "Momento da minha vida: funções do tempo na história oral" in FENELON, D.R., MACIEL, L. A., ALMEIDA, P.R.de, KHOURY, Y.A. (orgs). *Muitas Memórias, outras histórias.* São Paulo: Olho D'água, 2004.

RABAÇA, Carlos Alberto e BARBOSA, Gustavo Guimarães. *Dicionário de Comunicação.* São Paulo: Ática, 1987.

RAGO, Margareth, *Do cabaré ao lar - a utopia da cidade disciplinar - Brasil 1890/1930.* São Paulo: Paz e Terra, 1987.

RAMINELLI, Ronald, Simbolismos do espaço urbano Colonial. In: VAINFAS, Ronaldo (org.). *América em Tempo de Conquista.* Rio de Janeiro: Jorge Zahar, 1992.

REIS, João José. *A Morte é uma Festa - ritos fúnebres e revolta popular no Brasil do século XIX.* São Paulo: CIA das letras, 1991.

RIBEIRO, Maria Alice Rosa. *História sem fim ... inventário da saúde pública.* São Paulo: UNESP, 1993.

RIBEIRO, Miriam Bianca Amaral. Memória, família e poder. História de uma permanência política – os Caiado em Goiás. p. 209-328, In, CHAUL, Nasr F (org.). *Coronelismo em Goiás: estudos de casos e famílias.* Goiânia, Keolps, 1998

SABINO JÚNIOR, Oscar. *Goiânia global.* Goiânia: Oriente, 1980.

SANDES, Noé Freire. *A Invenção da Nação – entre a Monarquia e a República.* Goiânia: UFG, 2000.

SAINT-HILAIRE, Auguste. *Viagem às nascentes do Rio São Francisco.* São Paulo: USP, 1975.

SANT'ANA, Márcia. "A face imaterial do patrimônio cultural" in ABREU, Regina; CHAGAS, Mário (orgs). *Memória e Patrimônio – ensaios contemporâneos.* Rio de Janeiro: DP&A editora; FAPERJ; Uni Rio, 2003

SANTOS, Maria Célia Teixeira Moura. "O Papel dos Museus na Construção de uma 'identidade nacional'." In FÉLIX, Loiva Otero; ELMIR, Cláudio (orgs). *Mitos e Heróis – construção de imaginários.* Porto Alegre: Editora da Universidade/ UFRGS, 1998, p. 187.

SANTOS, Milton. *A Natureza do espaço – técnica e tempo. Razão e emoção.* São Paulo: Hucitec, 1996.

SARLO, Beatriz. *Paisagens Imaginárias – intelectuais, arte e meios de comunicação.* São Paulo: Edusp, 2005.

SEVCENKO, Nicolau. *Orfeu extático na metrópole: São Paulo, sociedade e cultura nos frementes anos 20.* São Paulo: Companhia das letras, 1992.

SCHWARCZ, Lilia Moritz. *O espetáculo das raças - cientistas, instituições e questão racial no Brasil 1870-1930.* São Paulo: Companhia das letras, 1993.

SODRÉ, Nelson Werneck. *História da Imprensa no Brasil.* São Paulo: Martins Fontes, 1983.

SOIHET, Rachel. "História das Mulheres". In VAINFAS, Ronaldo e CARDOSO, Ciro Flamarion (orgs). *Domínios da História*. Rio de Janeiro: Campus, 1997

SOUSA, João Gonçalves de. O elemento humano. *In: Goiás – Uma fronteira Humana*. Rio de Janeiro: Conselho de Imigração e Colonização, 1949.

SOUZA, Laura de mello e. *O diabo e a terra de Santa Cruz*. São Paulo: Companhia das letras, 1986.

SOUZA, Luis Antônio da Silva e. *O descobrimento da capitania de Goyaz (governo, população e coisas notáveis) – 30 de setembro de 1812*. Goiânia: UFG, 1967.

SKIDMORE, Thomas E., *Brasil: de Getúlio a Castelo*. São Paulo: Paz e Terra.

SODRÉ, Nelson Werneck. *História da burguesia brasileira*. Rio de Janeiro: Vozes, 1983.

SOUZA, José Moreira de. *Cidade: momentos e processos. Serro e Diamantina na formação do Norte mineiro no século XIX*. São Paulo: ANPOCS/ Marco Zero, 1993.

TELES, José Mendonça. *Vida e Obra de Silva e Souza*. Coleção Documentos Goianos n. 31, 2 edição. Goiânia: UFG, 1998

THOMPSON, E.P. *Costumes em Comum – estudos sobre a cultura popular tradicional*. São Paulo: Cia das Letras.

THOMPSON, E.P. *A Miséria da Teoria – ou um planetário de erros*. Rio de Janeiro: Zahar, p. 1994.

VEIGA, José Alencastro. *Goyaz 1908 - Alencastro Veiga, photo Goyaz*. Goiânia: Imobiliary Alencastro Veiga, 1985.

VILANOVA, Mercedes. Pensar a subjetividade - estatísticas e fontes orais. In: MORAES, Marieta de (org.). *História Oral e Multidiciplinaridade*. Rio de Janeiro: Diadorim, 1994.

WILLIAMS, Raymond. *Marxismo e Literatura*. Rio de Janeiro: Zahar, 1977.

ARTIGOS DE REVISTAS E PERIÓDICOS

ABISSET, Anne Marie Granet. "O historiador e a fotografia". (tradução: Yara Aun Khoury). in *REVISTA Projeto História – artes da história e outras linguagens*. São Paulo: ECUC, (24), junho/02

ARANTES, Antônio Augusto. Repensando os Aspectos Sociais da Sustentabilidade: a conservação integrada do patrimônio ambiental urbano. *Projeto História*. N. 18, São Paulo: mai/1999

BRESCIANI, Stella (org.). *Imagens da cidade. Séculos XIX e XX*. São Paulo: ANPUH/ São Paulo: Marco Zero/ FAPESP, 1994.

CAMPOS, Francisco Itami. Mudança da Capital: uma estratégia de poder. *In: Cadernos do Indur – estudos urbanos e regionais*, n.º 2, Goiânia: nov/1980.

DIÊGOLI, Leila Regina. Estado Novo – nova arquitetura em São Paulo. In: *Projeto História*. São Paulo (13) jun/1996.

DOLES, Dalísia E. Martins & NUNES, Heliane Prudente. Memória da Ocupação de Goiás na Primeira Metade do Século XIX: a visão dos viajantes europeus. In: *Ciências Humanas em revista - História*, (1/2), Goiânia, Cegraf, jan/dez/1992.

FAUSTO, Bóris. Estado, classe trabalhadora e burguesia industrial (1920-1945): Uma revisão. In: *Novos Estudos Cebrap*, (20), São Paulo, 1988.

FENELON, Déa Ribeiro. "São Paulo: patrimônio histórico cultural e referências culturais."*in* REVISTA *Projeto História*. São Paulo: EDUC,(18),maio 1999

KNAUSS, Paulo. Imagem do espaço, Imagem da História. A representação espacial da cidade do Rio de Janeiro. *Revista Tempo*. Rio de Janeiro, (3: 135-148), 1997.

LIMA, Jorge da Cunha. Fragmentos de um Discurso Urbano. In: *Revista USP* (Dossiê... Cidades), Mar/abr/mai/1990.

MENESES, Ulpiano T. Bezerra de. Morfologia das cidade brasileiras: introdução ao estudo histórico da iconografia urbana. *Revista USP*, São Paulo, 30: 144-155, jun/jul/agos/1996.

MENESES, Ulpiano T. Bezerra de. A Arte de Pensar o Patrimônio Cultural (Entrevista). In: *Memória*: São Paulo. Eletropaulo, out/91-mar/92, p. 13-19.

MENEZES, Ulpiano Bezerra de. "O museu na cidade X a cidade no museu: para uma abordagem histórica dos museus de cidade. *In* REVISTA BRASILEIRA DE HISTÓRIA. São Paulo: ANPUH, v.5 n.8/9/ setembro 1984-abril 1985, p.198

NIETHAMMER, Lutz. Conjunturas da Identidade Coletiva. *Revista Projeto História* (15: 119-171) abril/1997.

NORA, Pierre. Entre a memória e a história: a trajetória dos lugares. In: Revista *Projeto História*. São Paulo, 10: 07-28, dez/1993.

PASSERINI, Luisa. Mitobiografia em história oral. In: *Revista Projeto História*, São Paulo, 10: 29-40, 1993.

POLLAK, Michael. Memória e Identidade social, *Revista Estudos Históricos*, RJ, vol 5, n. 10, 1992, p. 200-12.

PORTELLI, Alessandro. Tentando Aprender um pouquinho. Algumas reflexões sobre a ética na História Oral. *Revista Projeto História*. São Paulo, (15: 13-49), abril/1997.

PORTELLI, Alessandro. A Filosofia e os Fatos – narração, interpretação e significado nas memórias e nas fontes orais. In *Revista Tempo,* RJ, vol 1, n. 2, 1996

PORTELLI, Alessandro. "Forma e significado na História Oral. A pesquisa como um experimento em igualdade." In *Revista Projeto História*, São Paulo, (14), fev. 1997

FENELON, Déa. "Políticas culturais e patrimônio histórico." In REVISTA *do Departamento do Patrimônio Histórico. O Direito à Memória – patrimônio histórico e cidadania.* São Paulo, 1992, p. 29-30.

THOMSON, Alistair. Recompondo a memória: questões sobre a relação entre História Oral e as memórias. *Revista Projeto História* (15: 51-97), abril/1997.

REVISTA *OESTE,* Comemorativa do Cinqüentenário da Fundação de Goiânia – 1933-83. Goiânia: UCG, 1983.

ROUANET, Sérgio Paulo. A Cidade Iluminista. *In* SCHIAVO, Cléia e ZETTEL, Jayme (coord). *Memória, Cidade e Cultura.* Rio de Janeiro: UERJ/ IPHAN, 1997.

SAMARA, Eni de Mesquita. Famílias e Cidades: espaços de sobrevivência e de sociabilidade no século XIX. In: Revista História *Questões e Debates*, Curitiba, v. 14, n. 26/27, jan/dez, 1997.

TRINDADE, Etelvina. Cidade Moderna e Espaços Femininos. In: *Projeto História*, São Paulo: (13) jun/1996.

WEFFOT, Francisco C. "Cultura, Democracia e Identidade Nacional."in REVISTA do Patrimônio Histórico e Artístico Nacional. (24)/ 1996

DISSERTAÇÕES, TESES, PESQUISAS E SEMINÁRIOS:

BONONO, Mário Roberto. Sob o Impacto do Abandono. In: *Ouro Preto – de relíquia mineira à glória nacional: 1867-1938*. Tese de Doutorado. Brasília: Departamento de História do Instituto de Ciências Humanas da Universidade de Brasília, 1997, p. 75-121.

BORBA, Odiones de Fátima, *Cidade de Goiás – formas urbanas e redefinição de usos*. dissertação de mestrados, Goiânia: UFG, Curso de Mestrado em Geografia, 1998.

BORGES, Barsanufo Gomides, *Goiás: "Modernização" e Crise – 1920-1960*. Tese de Doutorado, Departamento de História da Universidade de São Paulo, 1994

CAMPOS, Francisco Itami. *Questão Agrária: Bases Nacionais da Política Goiana (1930-1964)*. Tese de Doutorado, Departamento de Ciências Sociais da Universidade de São Paulo, 1985.

COELHO, Gustavo Neiva. *A Formação do Espaço Urbano nas Vilas do Ouro – o caso de Vila Boa*. Dissertação de Mestrado, Goiânia: Pós-Graduação em História das Sociedades Agrárias da Universidade Federal de Goiás, 1997.

DELGADO, Andréa Ferreira. *A invenção de Cora Coralina na batalha das memórias*. Universidade Estadual de Campinas, Instituto de Filosofia e Ciências Humanas, Programa de Pós-Graduação em História. Campinas, 2003.

DOLES, Dalísia Elizabeth Martins (coord). *Interpretação Histórica e Econômica de Goiás e Posicionamento do setor Agropecuário no Contexto Econômico e Social da Região*. Goiânia: Departamento de História da Universidade Federal de Goiás, 1979.

GOMIDE, Cristina Helou. *Centralismo Político e Tradição Histórica: cidade de Goiás (1930-1978)*. Dissertação de Mestrado defendida pelo Programa de Pós-Graduação em História das Sociedades Agrárias da Universidade Federal de Goiás. Goiânia: UFG, 1999.

MORAES, Dominga Correia Pedroso. *Cidade de Goiás: patrimônio histórico, cotidiano e cidadania*. Dissertação de Mestrado defendida pelo Programa de Pós-graduação em Geografia da Universidade Federal de Goiás. Goiânia: UFG, 2002

NUNES, Heliane Prudente, *A Era Rodoviária em Goiás: Impactos na Estrutura Rural e Urbana 91930-1961)*, Goiânia: Dissertação de Mestrado, Pós-Graduação em História das Sociedades Agrárias da Universidade Federal de Goiás, 1984.

RABELO, Danilo. Os Excessos do Corpo: A normatização dos comportamentos na cidade de Goiás, 1822-1889. Goiânia: Dissertação de Mestrado, Pós-Graduação em História das Sociedades Agrárias da Universidade federal de Goiás, 1997.

editoraletramento
editoraletramento.com.br
editoraletramento
company/grupoeditorialletramento
grupoletramento
contato@editoraletramento.com.br
editoraletramento

editoracasadodireito.com.br
casadodireitoed
casadodireito
casadodireito@editoraletramento.com.br